제갈량 문집

# 난세를 건너는 법

오수형 편역

문학과지성사
1998

난세를 건너는 법

초판발행/ 1998년  4월 15일
2쇄발행/ 1998년  4월 30일

지은이 / 제갈량
편역자 / 오수형
펴낸이 / 김병익
펴낸곳 / ㈜**문학과지성사**
등록번호 / 제10-918호(1993. 12. 16)

서울 마포구 서교동 363-12호 무원빌딩(121-210)
편집: 338)7224~5 · 7266~7  FAX  323)4180
영업: 338)7222~3 · 7245  FAX  338)7221

ⓒ 오수형, 1998. Printed in Seoul, Korea
ISBN  89-320-1002-1

값 8,000원

제갈량 문집

# 난세를 건너는 법

오수형 편역

# 책머리에

　제갈량(諸葛亮, 181~234)은 한자 문화권의 동양인에게는 지혜의 상징이며 동시에 충성스런 신하의 표상이다. 그는 후한 말기에 태어나 이른바 삼국 시대의 한 주역으로서, 천하의 온갖 이치를 꿰뚫는 총명함과 신하로서의 변함없는 충성심을 지니고 있었으며, 이상은 원대하였고 실천은 근면하였다. 특히 소설 『삼국연의(三國演義)』 속에서 묘사된 그는 인간으로서는 거의 완전무결한 경지에 이른 실질상의 주인공으로서 우리의 마음속에 흠모와 동시에 애석해하는 대상이 되어 자리하고 있다.

　필자는 여름 내내 땀 흘리면서 천팔백 년이 지난 『삼국연의』의 산천을 찾아다녔다. 그 무대는 넓었으나 또 아쉬움도 컸다. 소설 속에서 개조된 사실 또는 허구의 부분은 실제 유적을 남길 수 없는 것이 당연하였고 또 시대도 이미 너무 멀리 지나가버렸기 때문이었다. 그러나 소설에 근거하여 후일에 조성된, 곳곳에서 발견되는 역사 유적이라기보다는 문학

유적은 이 소설의 영향이 얼마나 큰 것인지를 깨우쳐주었다. 이와 함께 역자에게는 실존 인물로서의 제갈량에 관한 관심이 새삼 고조되었다. 그리하여 역사상의 기록과 그가 남긴 글에 주의하게 되었으며, 그 결과 신비스럽던 예전의 제갈량과는 다른 또 하나의 훌륭한 실제 인물에 가까이 갈 수 있었다. 바로 그의 뛰어난 견식에 앞서 불굴의 의지와 충성심, 그리고 공명정대하며 검소한 자세와, 치밀하고 부지런히 실천하는 모습을 재삼 발견할 수 있었다. 그리고 그가 전보다 훨씬 친근하게 다가옴을 느낄 수 있었다.

이 책은 크게 세 부분으로 구성됐다. 제1부 '제갈량의 난세 경영'에서는 제갈량의 작품으로 인정되는 글만을 엮었는데, 작품의 이해를 돕기 위해 먼저 작품의 배경을 간략히 설명하고 번역문과 원문을 실었으며 역자의 주석을 첨가하였다. 대체로 시대 순서로 배열하고 저작 시기를 알 수 없거나 또 중요하지 않은 것은 뒷부분에 두었다. 제2부 '장군의 길'에서는 비록 위작이기는 하나 제갈량의 이름을 빌려 세간에 크게 유행한, 그리고 내용에 있어 크게 취할 바가 있는 「장원(將苑)」을 번역하고 원문을 부가하였다. 그리고 부록 '제갈량 연보'에서는 제갈량의 중요한 활동 사항을 연대별로 정리하여 이해를 돕고자 하였다.

지금까지 전해지는 제갈량의 글은 그리 많지 않다. 국가의 건립과 경영이라는 시급한 현실 앞에서 저작에 전념할 여력이 없기도 하였을 것이고, 유실된 부분도 적지 않았으리라 여겨진다. 그가 남긴 작품은 모두 산문이며 공식적인 입장에서 쓴 것들이 대부분이다. 시로는 「양보음(梁甫吟)」 한 편의 시가 전해지나 그가 지은 것이 아님이 판명되었다. 그리고 세간에 그의 작품으로 전해지는 산문들 중 적지 않은 것들이 완전하지 않거나 후인이 그의 이름을 빌려 쓴 위작으로 판명되었다.

원래 제갈량의 작품은 그가 세상을 떠나고 사십 년이 지난 서진(西晉) 태시(泰始) 십년(274)에 진수(陳壽)에 의하여 문집으로 편찬되었으나 이 책은 이미 오래 전에 사라졌다. 그리하여 지금 전해지는 것들은 모두가 명대나 청대에 새롭게 모아진 것들이다. 이 제갈량 문집들의 가장 중요한 근거는 역사서『삼국지』의 기록인데 이 역사서를 기록한 진수가 바로『제갈량집』의 편찬자였으므로 그가 인용한 제갈량의 글은 자신이 수집한 제갈량의 실제 작품에 근거한 것이라고 볼 수 있다. 다만 역사의 기록 과정에 얼마간 손질을 했을 가능성을 완전히 배제할 수는 없다고 하겠다. 그 밖에 진수의 『삼국지』에 송대의 배송지(裴松之)가 주를 가하면서『제갈량집』을 위시한 각종의 기록으로부터 많은 글을 인용하고 있다. 물론 그외의 각종 저작 가운데 보이는 글들도 명·청대의 제갈량 문집에 채택되었다.

이렇게 하여 지금에 전하는 가장 완비된 문집으로는 청

대의 장주(張澍)가 모아 편찬한 『제갈충무후문집(諸葛忠武侯文集)』(中華書局)이 있다. 다만 이 책에도 상당히 많은 양의 위작이 포함되어 있다. 물론 명대의 제갈희와 제갈탁이 편찬한 『제갈공명 전집』(中國書店)의 경우도 마찬가지이다. 한편 근년에 들어 양옥문(梁玉文)과 이조성(李兆成) 등이 정리한 『제갈량문역주(諸葛亮文譯註)』(巴蜀書社)는 진위 분별에 상당한 공을 들여 확실히 제갈량의 글로 인정되는 것만을 가려 뽑았다. 필자는 이 책의 도움을 많이 받았다. 한편 위작으로 판명되기는 하였으나 국내외로 크게 유행한 「공명심서(孔明心書)」의 전신이라 할 수 있는 「장원(將苑)」은 제갈희·제갈탁의 『제갈공명 전집』을 저본으로 하였다. 그 밖에 유문을 모아놓은 명 장부(張溥)의 『제갈승상집(諸葛丞相集)』(『한위육조백삼명가집(漢魏六朝百三名家集)』에 수록됨, 文津出版社)과 규장각에 소장된 두 종의 「공명심서」, 그리고 근년의 『제갈량집』(時代文藝出版社)을 참고하였다. 그리고 규장각에는 한국본으로 여겨지는 『제갈충무후전서(諸葛忠武侯全書)』의 잔본이 있는데 20권 가운데 뒤의 4권만 남아 있어, 대부분의 제갈량 문집 후반부가 그렇듯이, 제갈량과 관련된 후인의 글만을 담고 있다.

　끝으로 세심하게 검토해주신 출판사 편집부 여러분과 착

오 없이 원문을 입력해준 서울대 박사과정의 당윤희양에게
깊은 감사를 표한다.

1998년 3월 관악산 자락에서

오 수 형

# 차 례

# 제1부

# 제갈량의 난세 경영

# 초려에서의 천하 대계

　「초려대(草廬對)」는 유비의 삼고초려를 받은 제갈량이 그의 물음에 답한 천하의 형세 분석 및 국가 통일의 기본 계획이다. 우선 형주(荊州)와 익주(益州)를 차지하여 북방의 조조 및 강동의 손권과 삼국 정립의 국면을 조성한 후 손권과 연합하여 조조를 공략한다는 전국 통일의 계획을 중심 내용으로 하고 있다. 당시 북방을 거의 통일하고 강남을 노리던 조조군에게 연패한 유비는 유표(劉表) 관할의 신야(新野)에 기거하면서 인재를 구하던 중, 서서(徐庶)의 추천으로 융중의 초가에 거처하던 제갈량을 세 차례나 찾아간 끝에 비로소 대면의 기회를 얻고 그 후로 그의 결정적인 도움을 얻게 된다. 당시 제갈량은 27세였으며 유비는 47세였다. 제갈량의 초려가 융중에 있었으므로 「융중대(隆中對)」라고도 부른다. 『삼국지』, 「촉지」, 제갈량전에 보인다.

　동탁[1]이 권세를 장악한 이래로 뭇 호걸들이 우르르 일어나 각·지방을 근거지로 삼아 할거하니 그 수를 다 헤아릴 수 없습니다. 조조[2]는 원소[3]에 비하면 명성도 낮고 군대도 적었으나 그를 이기고 약자에서 강자로 변하였으니 이는 천명뿐만 아니라 인재들의 책략에 의한 것입니다. 지금 조조는 백만이나 되는 무리로 천자를 끼고 제후에게 호령하고 있으니 그와 다투는 일은 진정 불가능합니다. 손권[4]은 강동을 점거하고 있는데 이미 아버지와 형을 이은 삼대의 통치를 거친 데다, 지세가 험난하고 백성이 잘 따라주며 현명하고 능력

---

1) 동탁(董卓): ?~192, 자(字)는 중영(仲穎). 동한말 양주(涼州) 군벌의 우두머리로 189년 낙양에 진입하여 소제(少帝)를 폐위시키고 헌제(獻帝)를 즉위시킨 후 장안(長安)으로 천도하였으며 천자를 끼고 전횡을 일삼다가 왕윤(王允)과 여포(呂布)에게 피살됨.
2) 조조(曹操): 155~220, 자는 맹덕(孟德). 196년 헌제를 모시고 허창(許昌)으로 천도하고 여포와 원소를 제압하여 승상이 되었으며, 그의 아들 조비(曹丕)가 위(魏)의 황제가 된 후 무제(武帝)로 추존됨.
3) 원소(袁紹): ?~202, 자는 본초(本初). 동탁의 전횡에 불만을 품고 강력한 세력으로 할거하던 중 관도(官渡)에서 조조에게 대패한 후 병사함.
4) 손권(孫權): 182~252, 자는 중모(仲謀). 손견(孫堅)의 차남으로 형 손책(孫策)의 뒤를 이어 강동을 근거지로 유비와 연합하여 적벽에서 조조군을 패퇴시켰으며, 229년 오(吳)의 황제에 오름.

있는 이들을 등용하고 있으니 그와는 연맹하여 후원을 구할 수 있을 뿐이지 공략할 수는 없는 일입니다. 형주[5]는 북쪽으로는 한수(漢水)와 면수(沔水)를 차지하고, 남쪽으로는 해변에 이르는 광대한 땅의 산물을 이용할 수 있으며, 동쪽으로는 오군(吳郡)과 회계군(會稽郡)과 접하였으며, 서쪽으로는 파촉(巴蜀)과 통하니 반드시 차지해야 할 곳입니다. 그런데도 지금 이곳을 차지한 자는 이를 지킬 능력이 없으니, 이는 하늘이 장군에게 도움을 주시는 것입니다. 장군께선 이곳을 취하실 뜻이 있으신지요? 익주(益州)는 지세가 험하고 비옥한 땅이 천리나 이어진 천연의 부고(府庫)로서 한 고조가 제업을 이룬 땅입니다. 그러나 이 땅을 차지한 유장[6]은 어리석고 무능하여 북방의 장노[7]가 위협하는데도 그 많은 백성과 부유함을 아끼고 살필 줄 모르는 까닭에 지혜롭고 능력 있는 이들이 총명한 주인을 바라고 있습니다. 장군께선 한나라 왕실의 후손으로서 신의가 천하에 잘 알려진 데다 영웅들을 거느린 채 현인을 목마르게 구하고 계시니, 만약 형주와 익주를 차지하여 그 험난한 지역을 지키면서, 서쪽의 여러 민족

---

5) 형주(荊州): 지금의 호북성(湖北省), 호남성(湖南省), 하남성(河南省)의 일부에 해당함.

6) 유장(劉璋): ?~219, 자는 계옥(季玉). 익주목(益州牧)으로 아버지 유언(劉焉)을 이어 익주를 지배하다가 유비에게 투항함.

7) 장노(張魯): 자는 공기(公棋). 농민군의 우두머리로서 당시 익주 이북의 한중(漢中) 지역을 점거함.

과 화친하고 남쪽의 각 민족을 어루만지며, 밖으로는 손권과 연합하고 안으로는 내정을 정비하고서, 일단 천하의 형세에 변화가 발생할 때 훌륭한 장수에게 명하여 형주의 군사를 인솔하여 완성(宛城)과 낙양(洛陽)을 공략하게 하고 장군께서 친히 익주의 대군을 인솔하여 진천(秦川)으로 북벌을 감행한다면 백성 가운데 술과 밥을 들고 나와 장군을 맞이하지 않을 자 그 누구이겠습니까? 진정 그리 되면 장군의 전국 통일의 패업은 달성될 것이며 한나라 왕실은 다시 일어날 것입니다.


## 草廬對


自董卓已來, 豪傑竝起, 跨州連郡者不可勝數. 曹操比于袁紹, 則名微而衆寡, 然操遂能克紹, 以弱爲强者, 非惟天時, 抑亦人謀也. 今操已擁百萬之衆, 挾天子而令諸侯, 此誠不可與爭鋒. 孫權據有江東, 已歷三世, 國險而民附, 賢能爲之用, 此可以爲援而不可圖也. 荊州北據漢 · 沔, 利盡南海, 東連吳會, 西通巴 · 蜀, 此用武之國, 而其主不能守, 此殆天所以資將軍, 將軍豈有意乎? 益州險塞, 沃野千里, 天府之土, 高祖因之以成帝業. 劉璋闇弱, 張魯在北, 民殷國富而不知存恤, 智能之士思得明君. 將軍旣帝室之胄, 信義著于四海, 總攬英雄, 思賢如渴, 若跨有荊 · 益, 保其岩阻, 西和諸戎, 南撫夷越, 外結好孫權, 內修政

24

理, 天下有變, 則命一上將將荊州之軍以向宛·洛, 將軍身率益
州之衆出于秦川, 百姓孰敢不簞食壺漿以迎將軍者乎? 誠與是,
則霸業可成, 漢室可興矣.

# 손권에게 유세함

서기 208년, 조조의 대군이 장판(長阪)에서 유비군을 대파하고 동쪽으로 내려오며 유비군을 섬멸하고 동오(東吳) 지방을 삼키려 하니, 손권 진영에서도 주전파와 주화파로 의견이 갈리고 손권도 결정하지 못하고 관망하는 입장이었다. 이 글은 제갈량이 당시 정세를 분석하여 손권에게 함께 연합하여 조조에 대항하자고 설득한 글로서, 결국 설득에 성공하여 적벽대전으로 조조군을 대패시키는 전과를 거두었다. 희곡 「군영회(群英會)」는 이 사실을 줄거리로 한 것이다. 『삼국지』, 「촉지」, 제갈량전에 보인다.

천하에 대란이 일어난 후로, 손장군께선 강동을 근거지로 하여 군대를 일으키셨고, 예주목(豫州牧)이신 유비 장군도 한수 남쪽에서 병사를 거두어들여 조조군과 천하를 다투었습니다. 지금 조조는 커다란 어려움을 극복하고 상대를 제압

하고 북방을 대략 평정하고서 이어 형주를 격파하니 그 위세
가 천하에 진동하고 있습니다. 비록 영웅이라 하더라도 이런
상황에선 제대로 싸울 수 없는 까닭에 유비 장군도 이곳까지
물러났습니다. 손장군께서는 스스로의 힘을 헤아려 이 일에
대처하십시오. 만약 장군이 계신 오월(吳越)의 인력과 재력
으로 중원을 차지한 조조와 대항할 수 있다면 하루빨리 그와
관계를 끊으심이 좋습니다. 만약 대항할 수 없다면 왜 무기
를 놓고 갑옷을 풀고서 조조의 신하가 되어 모시지 않으십니
까? 지금 손장군께선 겉으로는 조조에게 복종한다고 하면서
내심 대항할까 항복할까 망설이며 긴급한 사태에 처하고서
도 결정하지 못하고 계시니, 그러다간 머지않아 큰 화가 닥
칠 것입니다.

　전횡[1]은 옛날 제(齊)나라의 한 장사(壯士)에 불과하였으
나 대의를 지켜 죽음으로써 모욕을 면하였습니다. 유비 장군
은 본디 제왕의 후예로서 세상에 다시없는 영재이며 많은 사
람이 존경하여 마치 강물이 바다로 향하는 듯합니다. 그러하
니 만약 일이 뜻대로 되지 않는다면 하늘의 뜻으로 돌리면
그뿐, 어찌 조조의 밑에 들어가겠습니까!

　유비 장군은 비록 장판에서 패하였으나 그 휘하에 돌아온

---

1) 전횡(田橫): 진(秦)나라 말기 제(齊)나라의 몰락한 귀족으로 유방이
　한나라를 세운 후 신하가 되기를 거부하면서 오백 인의 무리를 이끌
　고 섬으로 피했다가 그들과 함께 자살하는 비극을 맞이함.

장병과 관우가 통솔하는 수군(水軍)을 합하면 정예 군사 만 명이 됩니다. 또 유기(劉琦) 장군이 강하(江夏)에서 모은 장병도 만 명은 됩니다. 조조가 이끄는 군대는 먼 길을 와 싸운 끝에 지칠 대로 지쳤으며, 유비 장군을 쫓을 때에는 기병이 하루에 삼백 리나 달렸다고 합니다. 이는 바로 "힘 좋은 활로 쏜 화살도 그 사정권의 한계점에서는 노(魯)나라에서 생산되는 얇디얇은 천도 뚫지 못한다"는 말에 해당됩니다. 그러므로 병법에서는 이를 피하여, "그리하면 반드시 좋은 장수를 잃으리라"고 말합니다. 한편 북방인은 수전에 익숙하지 않으며, 또 형주 사람으로서 조조를 따르는 이들은 위세를 이기지 못하고 있을 뿐 마음속으로 그를 따르는 것은 아닙니다. 지금 장군께서 진정 맹장으로 하여금 군사 수만 명을 통솔케 하여 유비 장군과 협력한다면 조조군을 격파할 것이 틀림없습니다. 조조군은 패하면 반드시 북쪽으로 돌아갈 것이니, 그리 되면 형주와 오 지방의 우리 세력은 강해질 것이며 삼국이 정립하여 공존하는 형세가 이루어질 것입니다. 성패의 관건이 되는 때는 바로 지금인 것입니다.


說孫權


海內大亂, 將軍起兵據有江東, 劉豫州亦收衆漢南, 與曹操並爭天下. 今操芟夷大難, 略已平矣, 遂破荊州, 威震四海. 英雄無

28

所用武, 故豫州遁逃至此. 將軍量力而處之, 若能以吳越之衆與中國抗衡, 不如早與之絶; 若不能當, 何不案兵束甲, 北面而事之? 今將軍外托服從之名, 而內懷猶豫之計, 事急而不斷, 禍至武日矣.

田横, 齊之壯士耳, 猶守義不辱, 況劉豫州王室之胄, 英才蓋世, 衆士慕仰, 若水之歸海, 若事之不濟, 此乃天也, 安能復爲之下乎!

豫州軍雖敗于長阪, 今戰士還者及關羽水軍精甲萬人, 劉琦合江夏戰士亦不下萬人. 曹操之衆, 遠來疲弊, 聞追豫州, 輕騎一日一野行三百餘里, 此所謂 "强弩之末, 勢不能穿魯縞者也." 故兵法忌之, 曰 "必蹶上將軍." 且北方之人, 不習水戰; 又荊州之民附操者, 逼兵勢耳, 非心服也. 今將軍誠能命猛將統兵數萬, 與豫州協規同力, 破操軍必矣. 操軍破, 必北還, 如此則荊 · 吳之勢强, 鼎足之形成矣. 成敗之機, 在于今日.

# 유파에게 장비를 논하여 보내는 글

유비에게 투항한 유파[1]가 제갈량의 추천으로 중용되자 장비[2]는 존경심을 지닌 채 축하하러 갔다. 그러나 유파는 장비가 일개 무사임을 들어 그를 무시하였고 따라서 장비는 몹시 화를 냈다. 이를 안 제갈량은 이 글을 보내 유파에게 단결을 강조하였다. 『삼국지』, 「촉지」, 유파전의 배주에 인용된 「영릉선현전(零陵先賢傳)」에 보인다.

장비는 실로 무사이기는 하나 귀하를 경모하고 있으며, 주군께서도 이제 막 문무 관원을 모아들여 큰일을 이루시고자 하십니다. 귀하께서 비록 타고난 소양이 고상하고 뛰어나지만 약간은 기대를 낮추시는 것이 마땅할 것입니다.

---

1) 유파(劉巴): ?~222, 자는 자초(子初).
2) 장비(張飛): ?~222, 자는 익덕(翼德).

## 與劉巴論張飛書

張飛雖實武人, 敬慕足下, 主公今方收合文武, 以定大事; 足
下雖天素高亮, 宜少降意也.

# 관우에게 답하는 글

서기 214년 유비가 성도(成都)를 채 공략하지 못하고 있을 때 마초[1]가 투항해옴으로써 이에 겁이 난 유장(劉璋)도 항복하였다. 이에 유비는 마초의 공을 높이 사 평서장군(平西將軍)에 임명하였다. 이때 형주를 지키고 있던 자존심과 승부욕이 강한 관우[2]가 제갈량에게 마초가 누구의 수준에 이르는가를 물어오자 그에 답한 글이다. 『삼국지』, 「촉지」, 관우전에 보인다.

마초는 문무를 겸비한 남달리 용감하고 굳센 일세의 호걸로서, 한나라 고조의 맹장 경포나 팽월에 비견되는 인물이

---

1) 마초(馬超): 176~224, 자는 맹기(孟起). 여러 차례 조조군을 격퇴하였으나 결국 조조의 계략에 빠져 패전한 후 장노에게 투항하였다가 후에 다시 유비에게 투항하여 성도(成都)의 공략을 도움.
2) 관우(關羽): 160~219, 자는 운장(雲長).

오.[3] 그는 당연히 장비와 다툴 수는 있으되 멋진 수염을 지닌 그대의 출중함과 절륜함에는 미치지 못하오.

## 答關羽書

孟起兼資文武, 雄烈過人, 一世之傑, 黥·彭之徒, 當與益德幷驅爭先, 猶未及髥之絶倫逸群也.

---

3) 경포(黥布)는 영포(英布)를 가리키는데 일찍이 죄를 지어 얼굴에 문신을 하는 경(黥)의 형벌을 받았으므로 경포라고도 불렸다. 경포와 팽월(彭越) 두 사람 모두 용맹하기로 이름난 인물들로서 유방이 항우를 격파하는 데 큰 공을 세운 인물들이다.

# 법정과 관련된 물음에 답하는 글

법정(法正)은 본래 유장 아래의 관리였으나 유비를 흠모하여 유비의 익주 점령에 공헌을 하고 후에 촉군의 태수가 된 사람이다. 그가 자신의 공을 믿고 자신과 원한 관계에 있던 인물들에게 보복하려 하자 혹자는 제갈량에게 그의 행동을 제지해달라고 청하였다. 그러자 제갈량이 당시 익주의 상황과 그의 앞으로의 역할과 공적을 고려하여 그에 답한 글이다. 이 글에서는 법정의 행동을 제지할 뜻이 없음을 토로하고 있으나, 후일 엄격한 법 집행으로써 법정을 통제하고자 하였다. 『삼국지』, 「촉지」, 법정전(法正傳)에 보인다.

주군께서 공안[1] 지방에 계실 때에 북쪽으로는 강한 조조

---

1) 공안(公安): 유비가 형주목을 지닐 때의 행정 중심지로 호북성 공안현.

를 두려워했으며, 동쪽으로는 손권의 압박을 겁냈으며, 가까이로는 아내가 된 손권의 동생 신변에 문제가 생길까봐 떨었습니다.[2] 이러지도 저러지도 못하고 어려운 이때에, 법정이 보좌하여 익주를 차지하여 날개를 활짝 펼치고 압박에서 벗어나게 되었습니다. 그러니 어떻게 법정이 제 뜻대로 하지 못하게 금지할 수 있겠습니까!

爲法正答或問書

主公之在公安也, 北畏曹公之强, 東憚孫權之逼, 近則懼孫夫人生變于肘腋之下; 當斯之時, 進退狼跋. 法孝直爲之輔翼, 令翻然翶翔, 不可復制. 如何禁止法正使不得行其意耶!

---

2) 손권의 동생 손상향(孫尙香)은 유비의 아내였는데, 그녀는 어릴 때부터 무예를 익혔으며, 시집올 때 하녀 백여 인을 데리고 와 무기를 지니고 그녀를 시중들게 하였으므로, 유비는 사고 발생을 우려하였다.

# 법정에게 답하는 글

익주를 차지한 후 제갈량은 강력한 법치를 시행하여 그곳의 호족에게 타격을 입히며 사회 질서를 안정시켰다. 물론 적지 않은 이가 불만을 제기하였다. 본디 유장의 수하였다가 유비군에게 가담하여 적지 않은 공을 세웠던 법정이 한 고조가 관대한 정책을 폈던 사례를 들어 제갈량에게 이의를 제기하자 이에 답한 글이다. 『삼국지』, 「촉지」, 제갈량전의 배주에 인용된 곽충오사(郭沖五事)에 보인다.

그대는 한 면만을 알고 다른 한 면은 모르시오. 진(秦)나라는 포악무도한 데다 법령이 가혹하여 백성들의 원망이 대단했소. 그리하여 필부조차도 반기를 들어 천하의 형세가 변하였소. 고조는 이러한 상황에서 간략한 법령으로 큰 효험을 보았소. 그러나 유장은 어리석고 무능하여 아버지 유언(劉

焉)이 통치한 이래 부자 양대에 걸쳐 조그마한 은혜나 베풀
뿐이었으니, 법령은 멋대로이고 관리들은 적당주의로 일관
하여 덕정(德政)의 기풍도 법령의 위엄도 모두 사라졌소. 촉
의 호족 부호는 권세를 누려 멋대로 구니 군신간의 도리도
점차 사라졌소. 만약 직위를 줌으로써 달래다가 줄 자리가
다하면 얕보일 것이며, 은혜로써 달래다가 줄 것이 없어지면
태만히 굴 것이오. 병폐란 바로 여기에서 비롯되는 것이오.
나는 지금 법으로 위엄을 찾고자 하니, 법이 바로 시행되면
은혜가 무엇인지 알 것이오, 작위로써 그들을 제한하면 작위
를 받는 영예를 알게 될 것이오. 은혜와 영예를 병용하면 상
하간에 모두 질서가 설 것이오. 국가를 다스리는 요령은 바
로 여기에 있는 것이오.


## 答法正書


君知其一, 未知其二. 秦以無道, 政苛民怨, 匹夫大呼, 天下土
崩, 高祖因之, 可以弘濟. 劉璋暗弱, 自焉已來有累世之恩, 文法
羈縻, 互相承奉, 德政不擧, 威刑不肅. 蜀土人士, 專權自恣, 君臣
之道, 漸以陵替, 寵之以位, 位極則賤, 順之以恩, 恩竭則慢. 所
以致弊, 實由于此. 吾今威之以法, 法行則知恩, 限之以爵, 爵加
則知榮; 恩榮幷濟, 上下有節. 爲治之要, 于斯而著.

# 황충의 작위를 논함

황충[1]은 형주목(荊州牧) 유표(劉表)의 부장(部將)이었다가 적벽대전 후에 유비에게 가담한 장수로서 그 후로 많은 전공을 세웠다. 219년 유비가 한중(漢中)을 공격할 때 황충은 정군산(定軍山)에서 조조군을 대파하고 하후연(夏侯淵)을 베는 등 큰 공을 세웠다. 이에 유비는 한중에서 한나라 왕임을 선포하고 관우를 전장군에, 장비를 우장군에, 마초를 좌장군에, 황충을 후장군에 봉하고자 하였다. 이에 제갈량은 관우의 반응을 예견하면서 유비에게 내부 단결을 위해 관우와의 문제를 해결할 것을 깨우친 글이다. 『삼국지』, 「촉지」, 황충전(黃忠傳)에 보인다.

황충의 명망은 본디 관우나 마초와는 짝이 되지 못하는데

----

1) 황충(黃忠): ?~220. 자는 한승(漢升). 늘 병사에 앞서 용맹하게 적진에 뛰어들었으며 누차 전공을 세웠다.

도 지금 그들과 동렬에 내세웠습니다. 마초와 장비는 가까이
에 있어 직접 황충의 공을 보았으므로 설명을 해줄 수 있으
나, 관우는 멀리 형주에서 소식을 들을 뿐이니 필시 좋아하
지 않을 것입니다. 어찌 타당치 못한 처사가 아닐 수 있겠습
니까!


## 論封黃忠


忠之名望, 素非關·馬之倫也, 而今便令同列. 馬·張在近,
親見其功, 尙可喩指, 關遙聞之, 恐必不悅, 得毋不可乎!

# 선제를 대신해 후제에게 내리는
# 마지막 조서

서기 223년, 병이 깊어 위독하게 된 유비는 영안궁(永安宮)에서 제갈량을 불러 후사를 부탁하였다. 이 글은 유비의 분부를 받고 그를 대리하여 유선에게 준 유언이다. 진솔한 감정을 바탕으로 하여 독서와 덕의 함양을 부탁하는 등 교육적인 내용을 담고 있다. 『삼국지』, 「촉지」, 선주전(先主傳)의 『제갈량집』을 인용한 배주에 보인다.

짐이 처음에 병을 얻었을 때는 단지 이질에 불과하였으나 뒤에 다른 병까지 더해져 거의 회복할 수 없게 되었도다. 사람이 오십까지 살면 일찍 죽는 것은 아닌데 내 이미 육십여 세가 됐으니 다시 원망할 것이 무엇이랴! 더 이상 유감은 없다. 다만 너와 두 동생이 염려되는 바이다. 사원(射援) 선생께서 이곳에 오셔 말씀하시기를 승상 제갈량께서 네가 대단

히 지혜롭고 도량이 크며 기대 이상으로 학습에 힘을 쓰고 있다며 칭찬하신다고 하였다. 과연 그렇다면 내 다시 무엇을 걱정하겠는가! 노력하고, 또 노력하여라. 작은 잘못이라고 해서 행하거나 작은 선행이라고 해서 행하지 않아서는 아니 될 것이다. 오로지 현명하고 덕이 있을 때만 사람들을 복종 시킬 수 있느니라. 너의 아비인 나는 덕이 박하였으니 닮지 말 것이다. 『한서』[1]와 『예기』[2]를 읽고, 시간적 여유가 있을 때 『제자서(諸子書)』와 『육도』[3]와 『상군서』[4]를 본다면 생 각이나 지혜에 도움이 될 것이다. 듣자하니 승상께서 너를 위해 『신자』[5] 『한비자』[6] 『관자』[7] 『육도』를 옮겨 적는 일을 마 쳤으나 네게 보내지 못하고 도중에 잃어버렸다고 하니, 달리 스스로 구하여 읽고 통달하도록 하여라.

---

1) 『한서(漢書)』: 반고(班固)가 쓴 중국 최초의 기전체(紀傳體) 역사서.
2) 『예기(禮記)』: 유가 경전의 하나로 진한(秦漢) 이전의 예의에 관한 서적.
3) 『육도(六韜)』: 중국 고대의 병서. 주(周)나라 강태공 여망(呂望)이 지 었다고 하나 실제는 전국 시대의 작품으로 판명되었음.
4) 『상군서(商君書)』: 전국 시대 상앙(商鞅)과 그의 후학들이 지은 책.
5) 『신자(申子)』: 전국 시대 신불해(申不害)의 저작으로 일부분만이 전 함.
6) 『한비자(漢非子)』: 한자라고도 한다. 전국 시대 한비(漢非)가 법가 사 상을 집대성하여 지은 책으로 후대에 지대한 영향을 미쳤다.
7) 『관자(管子)』: 전국 시대 제나라 재상 관중(管仲)의 정치 사상을 기록 한 책.

## 爲先帝與後帝遺詔

朕初疾但下痢耳, 後傳染他病, 殆不自濟. 人五十不稱夭, 年已六十有餘, 何所復恨, 不復自傷, 但以卿兄弟爲念. 射君到, 說丞相嘆卿智量甚大, 增修過于所望. 審能如此, 吾復何憂! 勉之, 勉之! 勿以惡小而爲之, 勿以善小而不爲. 惟賢惟德, 能服于人. 汝父德薄, 勿效之. 可讀『漢書』『禮記』, 閑暇歷觀諸子及『六韜』『商君書』, 益人意智. 聞丞相爲寫『申』『韓』『管子』『六韜』一通已畢, 未送, 道亡, 可自更求聞達.

# 돌아가신 황제가 남기신
# 조서의 공포를 청하는 글

유비가 세상을 떠난 후 그 유언에 따라 장례를 간략하게 치를 것을 유선에게 청하는 상소문이다. 전시임을 고려하여 유비의 유언에 따라 하루빨리 내부의 안정에 힘쓰려는 모습이 역력히 나타나 있다.『삼국지』,「촉지」, 선주전에 보인다.

돌아가신 대행황제[1]께서는 생전에 인의에 힘쓰시고 공덕을 세워 백성을 살피심이 그지없었습니다. 병석에 누워 계시다가 위독하시더니 하늘도 무심하시어 이 달 이십사일에 돌연히 붕어하셨습니다. 그리하여 관리들과 백성들은 목놓아 크게 울부짖으며 마치 부모를 잃은 듯 슬퍼하였습니다. 이에

---

1) 대행황제(大行皇帝): 매장하기 전의 황제의 시신.
2) 대종(大宗): 서한(西漢) 문제(文帝) 유항(劉恒). 유항은 죽기 전에 사흘 만에 상복을 벗도록 유언하였다.

남기신 유언을 살피건대, 장례는 대종[2] 황제의 경우처럼 사흘 만에 끝내어 개혁하라 하셨으니, 뭇 신하들은 슬퍼하되 사흘 만에 상복을 벗고 안장하는 날에 다시 그 예를 갖추며, 각 군(郡)의 태수와 국(國)의 상(相)과 도위(都尉) 및 현령들도 사흘 만에 상복을 벗으라 하셨습니다. 저 제갈량은 친히 황제의 명을 받은바 돌아가신 황제의 위엄에 찬 영혼이 두려워 감히 거스를 수 없나이다. 청하옵건대 남기신 유언에 따라 시행할 것을 선포하여주시옵소서.

## 請宣大行皇帝遺詔表

伏惟大行皇帝邁仁樹德, 覆燾無疆, 昊天不吊, 寢疾彌留 今月二十四日奄忽昇遐, 臣亮號咷, 若喪考妣. 乃顧遺詔, 事惟大宗, 動容損益; 百寮發哀, 滿三日除服, 到葬期復如禮; 其郡國太守相都尉縣令長, 三日便除服. 臣亮親受勅戒, 震畏神靈, 不敢有違. 臣請宣下奉行.

# 감부인을 소열황후로 추존할 것을
# 아뢰는 글

유비의 첩이자 유선의 생모였던 감(甘)부인은 일찍 세상을 떠났다. 유비는 제위에 오른 다음해에 그녀에게 황사부인(皇思夫人)이란 시호를 내리고 무덤을 촉 지방으로 옮겨오고자 하였다. 서기 223년, 유비가 죽고 유선이 즉위하자 제갈량은 황사부인의 호칭을 소열황후(昭烈皇后)로 높일 것을 청하는 본 상소문을 올렸다. 이는 효친 사상을 선양하여 통치상의 안정을 꾀하려는 목적이 담겨 있다. 『삼국지』, 「촉지」, 감황후전(甘皇后傳)에 보인다.

황사부인께서는 인의를 실행하시고 자신을 깨끗이하며 신중히 처신하셨습니다. 대행황제께서 예전에 대장군이셨을 때 빈비(嬪妃)이신 감부인과 결혼하시어 주군을 낳아 기르셨는데 다만 부인의 수명은 길지 못하였습니다. 대행황제께서는 살아 계실 때 매우 의로우셨으며 은혜를 베푸셨던바,

부인의 묘지가 먼 곳에 있음을 안타까워하시어 사신을 시켜
모셔오게 하였습니다. 마침 대행황제께서 붕어하신 지금 황
사부인의 관이 도착하였으며 대행황제의 관도 이리로 모셔
오는 도중입니다. 황제의 묘지인 원릉[1]이 완성되어 안장할
날짜가 머지않은 터에, 저는 조정의 예절을 관장하는 태상[2]
뇌공 등과 다음과 같이 논의하였습니다. "『예기』에 이르기
를, '사랑은 부모에 대한 사랑으로부터 시작하여 백성들이
효성스럽도록 가르치고, 공경심은 어른에 대한 공경심으로
부터 시작하여 백성들이 순종하도록 가르친다'라고 하였는
데, 이는 자신은 부모가 낳아준 것임을 잊지 말라는 의미인
것입니다. 『춘추』의 내용에 따르면 어머니는 자식에 의해 귀
해진다고 하였습니다. 전에 고조께서는 어머니인 소령(昭
靈)부인을 소령황후(昭靈皇后)로 추존하였으며, 화제(和帝)
께서는 어머니 양귀인(梁貴人)의 시신을 개장하고는 공회황
후(恭懷皇后)로 높여 불렀고, 효민(孝愍)황제도 역시 어머니
왕부인의 시신을 개장하고 영회황후(靈懷皇后)로 높여 불렀
습니다. 지금 황사부인에게도 마땅히 존칭을 더해드림으로
써 구천에 계실 어머님에 대한 주상의 효심을 표해야 할 것

_______________

1) 황제의 관을 재궁(梓宮)이라 하며 분묘를 원릉(園陵)이라 한다.
   223년 4월 백제성 영안궁에서 죽은 유비는 5월에 성도로 운구되어 8
   월에 혜릉(惠陵)에 매장되었다.
2) 태상(太常): 조정의 예식과 제사 등을 담당하는 관직. 뇌공(賴恭)은
   인명.

입니다."[3] 그리하여 뇌공과 함께 시호를 정하는 법에 따라 소열황후로 결정했습니다. 『시경』에 이르기를, "살아서는 다른 방을 쓰고 죽어서는 같은 무덤을 쓰네"라고 하였습니다. 그러므로 소열황후는 마땅히 대행황제와 합장해야 합니다. 청하옵건대 태위(太尉)에게 지시하여 종묘에 고하고 천하에 공포하도록 하십시오. 관련된 의식에 관하여는 따로 보고드리겠습니다.

## 上言追尊甘夫人爲昭烈皇后

皇思夫人履行修仁, 淑愼其身. 大行皇帝, 昔在上將, 嬪妃作合, 裁育聖躬. 大命不融. 大行皇帝存時, 篤義垂恩, 念皇思夫人神柩在遠飄床, 特遣使者奉迎. 會大行皇帝崩, 今皇思夫人神柩以到, 又梓宮在道, 園陵將成, 安厝有期. 臣輒與太常臣賴恭等議: 『禮記』曰: "立愛自親始, 敎民孝也; 立敬自長始, 敎民順也." 不忘其親所由生也. 『春秋』之義, 母以子貴. 昔高皇帝追尊太上昭靈夫人爲昭靈皇后, 孝和皇帝改葬其母梁貴人, 尊號曰恭

---

3) 고조(高祖)는 유방(劉邦), 태상(太上)은 유방의 부친 태공(太公). 소령부인은 유방의 어머니 유온(劉媼). 고조 5년에 어머니에게 소령부인이란 시호를 주었는데, 181년 다시 소령황후로 추존하였다. 효화(孝和)황제는 한나라 화제(和帝) 유조(劉肇). 양귀인(梁貴人)은 유조의 어머니로 91년 공회황후로 추존되었다. 효민(孝愍)황제는 한나라 헌제(獻帝) 유협(劉協).

懷皇后，孝愍皇帝亦改葬其母王夫人，尊號曰靈懷皇后．今皇思夫人宜有尊號，以慰寒泉之思，輒與恭等案諡法，宜曰昭烈皇后．『詩』曰："谷則異室，死則同穴."故昭烈皇后宜與大行皇帝合葬，臣請太尉告宗廟，布露天下，具禮議別奏．

# 각급 관리에게 고함

제갈량은 남들의 다양한 견해를 들으려는 열린 자세를 견지했
다. 그는 부하들로 하여금 각기 다른 견해를 발표할 수 있도록 장
려하면서 그 안에서 보다 합리적인 결론을 찾아 과오를 피하고자
하였다. 이 글은 그러한 목적으로 부하에게 내린 지침서이다. 『삼
국지』, 「촉지」, 동화전(董和傳)에 보인다.

무릇 토론에 참여하여 군정을 처리함은 여러 사람의 생각
을 모아 충성스럽고 유익한 견해를 얻기 위해서이다. 만약
자그마한 혐의를 피하기 위해 다른 의견을 제시하는 일을 꺼
린다면 일을 그르치고 잘못을 저지르게 될 것이다. 서로 다
른 의견의 교환을 통해 좋은 결론을 얻는다면 이는 해진 짚
신을 버리는 대신 보배를 얻는 것과 같도다. 그러나 사람이
란 할말을 다할 수 없는 고충이 있게 마련인데, 오직 서서[1]

만은 흔들림이 없었으며 또 동화[2]는 칠 년이나 정무를 처리
하면서 내가 치밀하지 못할 때에는 여러 차례 반복하여 의견
을 제시하였도다. 만약 서서의 십분의 일을 본받고 동화의
성실하고 진지함을 지녀 나라에 충성한다면 나 제갈량의 잘
못은 줄어들 것이다.


敎與軍師長史參軍掾屬


夫參署者, 集衆思廣忠益也. 若遠小嫌, 難相違覆, 曠闕損矣.
違覆而得中, 猶棄弊蹻而獲珠玉. 然人心苦不能盡, 惟徐元直處
玆不惑, 又董幼宰參署七年, 事有不至, 至於十反, 來相啓告. 苟
能慕元直之十一, 幼宰之殷勤, 有忠於國, 則亮可少過矣.


---

1) 서서(徐庶): 자는 원직(元直). 동한말 형주로 피난왔던 제갈량의 친
  구.
2) 동화(董和): 자는 유재(幼宰).

# 각급 관리에게 재차 고함

앞의 글에 이어 직언한 이들과의 좋은 관계를 제시하며 재차 부하들에게 직언해줄 것을 당부한 글이다. 『삼국지』, 「촉지」, 동화전에 보인다.

임무는 막중한데 지닌 재능은 박하니 결점과 실수투성이 인 터에, 전에 최주평[1]과 교제하여 여러 차례 내 생각의 장단점을 지적받았으며, 뒤에 다시 서서와 사귀어 부지런히 가르침을 받았고, 함께 일했던 동화도 할말을 다해주었으며, 그 후에 동료였던 호제[2]도 빈번히 내게 간언을 해주었다. 내 비록 고루하고 우매하게 태어나 모두 다 받아들일 수는 없었으나, 위의 네 사람과 줄곧 좋은 관계를 유지하고 있으니, 그

---

1) 최주평(崔州平): 제갈량의 청년 시절 친구.
2) 호제(胡濟): 자는 위도(偉度), 승상부(丞相府) 주부(主簿)를 지냄.

렇다면 직언에 대해 의심하지 않음이 분명하도다.

## 又教與軍師長史參軍掾屬

任重才輕, 故多闕漏. 昔初交州平, 屢聞得失, 後交元直, 勤見啓誨, 前參事于幼宰, 每言則盡, 後從事于偉度, 數有諫止; 雖資性鄙暗, 不能悉納, 然與此四者終始好合, 亦足以明其不疑于直言也.

# 정도를 논함

유비는 죽고 유선은 어려 제갈량이 모든 정사를 돌보던 때, 위의 대신 화흠(華歆)과 왕랑(王朗) 등은 편지를 보내 항복을 권하였다. 이에 제갈량은 역사적 사실을 예로 들며 조조와 조비 부자의 찬탈을 매도하고, 정통성을 지닌 촉의 천하통일의 신념과 자신감을 공개적으로 천명하여 백성의 사기를 북돋웠다. 『삼국지』, 「촉지」, 제갈량전 배주에 인용된 『제갈량집』에 보인다.

예전에 항우는 덕에 의지하지 않은 까닭에 비록 중원을 차지하고 제왕의 세력을 지니고서도 끝내는 끓는 물에 던져지는 것과 다름없었으니, 이는 후인들이 두고두고 경계할 바로다. 위나라는 이를 살피지 못하고 그 전철을 밟고 있으니 자신은 요행히 형벌을 면한다 해도 자손은 면치 못하리라. 그런데도 그대들은 연만한 나이에도 불구하고 그릇된 지시

를 받아 글을 보내왔으니 진숭과 장송[1]이 왕망[2]의 헛된 공덕을 칭송했던 것과도 같으며, 당장의 화를 겁내 목숨이나 부지하고자 하는 꼴이로다!

전날 세조는 전한(前漢)의 기틀 위에 새로이 일어나서 약병 수천으로 강병 사십만을 곤양(昆陽)의 교외에서 물리쳤으니, 정도로써 사악한 자를 토벌함에는 숫자가 문제되지 않는도다. 조조로 말하자면, 음험하고 교활함으로 수십만이나 되는 군사를 이끌고 양평(陽平)에서 장합[3]을 구하려다 후회막급으로 지칠 대로 지쳐 간신히 도망쳤을 뿐이다. 그리하여 날쌔다던 대군을 욕보이고 또 한중 땅도 잃었도다. 이 일로 제왕의 자리란 망령되이 찬탈할 수 없음을 깨닫더니 결국 허도(許都)에 닿기도 전에 독이 퍼져 죽었도다.[4]

조비 또한 황음하고 방자하여 아비를 이어 제위를 찬탈하

---

1) 진숭(陳崇), 장송(張竦): 서한 말기의 관리.
2) 왕망(王莽): B. C. 45~A. D. 23. 자는 거군(巨君). 한나라 원제(元帝)의 조카로 평제(平帝)를 독살하고 서기 8년에 제위에 올라 국호를 신(新)이라 하였다. 진숭과 장송은 왕망이 제위에 오르기 전에 그의 공을 찬양하였다.
3) 장합(張郃): ?~231. 자는 준예(儁乂). 위나라 명장으로 가정(街亭)의 전투에서 촉의 마속(馬謖)을 패퇴시켰으나 후일 촉군에게 사살당함. 일찍이 정군산에서 하우연(夏侯淵)이 황충에게 죽자 그를 대신하여 장합이 사령관이 되었으나 역시 패하여 양평으로 물러났다. 이때 장합을 구하고자 장안에서 달려온 조조도 그를 구하지 못하고 후퇴하였다.
4) 서기 220년 조조는 장안에서 허창(許昌)으로 돌아가던 중 낙양에 이르러 지병이 도져 죽었다. 독이 퍼져 죽었다 함은 비방하는 의미이다.

더니, 그대들로 하여금 소진과 장의[5]의 허튼 궤변과 환두의
하늘을 얕보는 사설을 늘어놓게 하여 요임금을 우롱하고 우
임금과 후직(后稷)을 비방하려 하니, 이른바 헛된 글에 쓸데
없이 힘만 쓰는 꼴이로다.[6] 대인 군자라면 할 일이 아니로
다. 또 『군계』에 이르기를, "죽음을 각오한 만 명의 군사면
천하무적이다"라고 하였노라. 예전에 헌원(軒轅)황제는 불
과 수만 군사로 사방을 제압하여 천하를 평정하였으니, 하물
며 우리 촉한의 수십만 군사로서 정도를 따라 죄인을 토벌한
다면 조비군이 막아낼 수 있겠는가![7]


正　議


　昔在項羽, 其不由德, 雖處華夏, 秉帝者之勢, 卒就湯鑊, 爲
後永戒. 魏不審鑒, 今次之矣; 免身爲幸·踈戒在子孫. 而二三
子各以耆艾之齒, 承僞指而進書, 有若崇·稱葬之功, 摧亦將逼
于元禍苟免者邪! 昔世祖之創迹舊基, 奮羸卒數千, 摧莽疆旅四

---

5) 소진(蘇秦)과 장의(張儀)는 모두 전국 시대 유명한 종횡가(縱橫家)로
　서, 소진은 6국이 연합하여 진나라에 대항할 것을, 장의는 각국에 진
　나라에 복종할 것을 유세하였다. 제갈량은 이들을 말재주뿐인 인물로
　평가하였다.

6) 환두(驩兜)는 요임금 시대의 악인으로서 공공(共工)이란 소인을 추천
　하였으나 요임금이 물리침. 우임금은 하(夏) 왕조의 개국 군주, 후직
　(后稷)은 주(周) 왕조의 시조.

7) 『군계(軍誡)』는 고대 병서의 하나. 헌원(軒轅)은 전설 속의 황제.

十餘萬于昆陽之郊．夫據道討淫，不在衆寡．及至孟德，以其譎勝之力，舉數十萬之師，救張 于陽平，勢窮慮悔，僅能自脫，辱其鋒銳之衆，遂喪漢中之地，深知神器不可妄獲，旋還未至，感毒而死．子桓淫逸，繼之以篡．縱使二三子多逞蘇·張詭靡之說，奉進驩兜滔天之辭，欲以誣毀唐帝，諷解禹稷，所謂徒喪文藻煩勞翰墨者矣！夫大人君子之所不爲也．又『軍誡』曰：“萬人必死，橫行天下．”昔軒轅氏整卒數萬，制四方，定海內，況以數十萬之衆，據正道而臨有罪，可得干擬者哉！

# 요립을 탄핵하는 상소문

요립은 장사태수(長沙太守)와 파군태수(巴郡太守)를 역임하였고 유선이 즉위한 후에는 장수교위(장군 바로 아래의 직위)가 되었으나, 자만심이 강하여 자신은 다만 제갈량 다음가는 존재라며 불만을 품고 유비와 동료들을 비방하는 등 촉한 내부의 단결에 해를 미쳤다. 제갈량은 장완(蔣琬) 등의 보고를 받고 그의 직위를 박탈하고 평민의 신분으로 문산군(汶山郡)에 내쫓는다. 전반부는 『삼국지』, 「촉지」, 요립전(廖立傳)에, 후반부는 배주에 보인다.

장수교위[1] 요립은 망령되이 자만하여 문무 관원들을 평하며, 국가가 현명한 이를 등용치 않는다고 공언하고 만인을

---

1) 장수교위(長水校尉)는 금위군의 일부를 통솔하는 관리. 당시 다섯 종류의 교위를 두었음.

통솔하는 이들이 모두 소인배라고 말합니다. 나아가 선제와 여러 신하들을 비방합니다. 남들은, 이 나라의 군사는 많고 또 훈련이 잘됐으며 기율도 엄하다고 하는데, 요립만은 고개 들어 지붕을 바라보며 불만이 가득한 표정으로, "말할 가치도 없다"라고 하였는데, 그런 때가 또 셀 수 없이 많습니다. 양 한 마리가 양떼를 어지럽혀도 큰 해가 되는 터에, 높은 자리를 차지한 요립이 그렇게 한다면 보통 사람들이 어찌 실상을 바르게 알 수 있겠습니까?

요립은 선제를 모심에 충효의 마음이 없었으니, 장사군의 태수일 때는 적의 공격에 문을 열고 도주했으며, 파군을 다스릴 때에도 정사를 문란케 했는가 하면, 대장군을 따라 전쟁할 때에도 비방을 일삼았고, 선제를 모신 관 옆에서 사람의 목을 베기도 하였습니다. 폐하가 즉위한 후 군신들의 관직을 올릴 때 요립은 장군의 열에 들었는데도 제 앞에서 말하길, "내가 어찌 여러 장군과 같은 장군이 될 수 있단 말인가? 내게 경[2]의 자리를 주지 않고 어찌 교위(校尉)의 자리에 그친단 말인가?"라 하였습니다. 제가 답하길, "장군 자리는 검토를 거친 결과이오. 경이란 자리로 말하자면 이정방[3]조차도 아직 얻지 못하였소. 교위의 자리가 합당하오"라 하였

---

2) 경(卿)은 최고위급 관리.
3) 정방(正方)은 이엄(李嚴)의 자. 당시 중도호(中都護)를 맡아 내외의 군무를 통괄하면서 영안을 지켰다.

습니다. 그 후로 그는 불만에 가득 차 원한을 품고 있었던 것입니다.

## 彈廖立表

長水校尉廖立, 坐自貴大, 臧否群士, 公言國家不任賢達而任俗吏, 又言萬人率者皆小子也. 誹謗先帝, 疵毀衆臣. 人有言國家兵衆簡練, 部伍分明者, 立擧頭視屋, 憤咤作色曰: "何足言!" 凡如是者不可勝數. 羊之亂群, 猶能爲害, 況立託在大位, 中人以下識眞僞耶?

立奉先帝無忠孝之心, 守長沙則開門就敵, 領巴郡則有闇昧闟茸其事, 隨大將軍則誹謗譏訶, 侍梓宮則挾刃斷人頭於梓宮之側. 陛下卽位之後, 普增職號, 立隨比爲將軍, 面於吾曰: "我何宜在諸將軍中! 不表我爲卿, 上當在五校!" 臣答: "將軍者, 隨大比耳. 至於卿者, 正方亦未爲卿也. 且宜處五校." 自是之後, 怏怏懷恨.

# 두미에게 드리는 글

두미는 본래 유장의 부하였는데 유비가 촉에 들어오자 귀가 먼 것을 이유로 두문불출하였다. 224년, 제갈량이 익주목을 겸임하면서 두미를 주부(主簿)에 임명하였으나 역시 고사하였다. 이에 제갈량은 두미를 승상부로 초대하고는 듣지 못하는 두미에게 이 글로 대답을 대신하였다. 현인을 아끼고 존중하여 받아들이려는 마음과 통일에 대한 신념이 잘 나타나 있다.『삼국지』,「촉지」, 두미전에 보인다.

고상하신 덕행을 듣고는 오랫동안 목마르게 뵙고 싶었으나, 청류와 탁류는 같이하지 못하는 것인지 줄곧 인연이 닿지 않았습니다. 그러나 왕원태 · 이백인 · 왕문의 · 양계휴 · 정군간 · 이영남 형제 · 문중보 등이 귀하의 높은 뜻을 늘 찬탄한지라 비록 뵙지는 못하였어도 오래 알고 지낸 사이와 같

이 느껴집니다.[1] 외람되게도 아무런 능력 없이 익주를 맡고 나니 덕은 박하고 임무만 막중하여 걱정과 두려움뿐입니다. 조정의 주군께선 금년 열여덟이신데 타고난 품성이 어질고 총민하며 아래 선비들을 아끼고 존중하십니다. 또 천하 사람들은 한 왕실을 그리워하니, 귀하와 더불어 하늘을 따르고 백성을 좇아 이 현명한 주군을 보좌하여 한 왕실 부흥의 공을 역사에 남기고자 합니다. 현인과 우인은 같이 일을 꾀하지 않는다고 하였으니 그런 까닭에 저는 홀로 떨어져 헛된 수고만 했나봅니다. 송구스럽게도 귀하가 와주시리라고는 생각지도 못했습니다.

## 與杜微書

服聞德行, 飢渴歷時, 淸濁異流, 無緣咨覲. 王元泰 · 李伯仁 · 王文議 · 楊季休 · 丁君干 · 李永南兄弟, 文仲寶等, 每嘆高志, 未見如舊. 猥以空虛, 統領貴州, 德薄任重, 慘慘憂慮. 朝廷今年始十八, 天資仁敏, 愛德下士. 天下之人思慕漢室, 欲與君因天順民, 輔此明主, 以隆季興之功, 著勛于竹帛也. 以謂賢愚不相爲謀, 故自割絶, 守勞而已. 不圖自屈也.

---

1) 왕원태(王元泰), 이백인(李伯仁), 왕문의(王文儀), 양계휴(楊季休),
   정군간(丁君幹), 이영남(李永南) 형제, 문중보(文仲寶): 대부분 유장
   밑에서 관리를 지냈던 당시에 명망이 있던 인물들이다.

# 두미에게 답하는 글

제갈량의 청에 따라 주부의 자리를 맡은 두미가 얼마 후 다시 나이와 병을 이유로 사직하고 환향하기를 청하자 그를 만류한 글이다. 두미에게 큰 역할을 부탁하며 자신의 정책을 설명함으로써 설득하였으니, 두미는 후일 간의대부(諫議大夫)의 요직까지 맡으며 그 뜻을 따랐다. 『삼국지』, 「촉지」, 두미전에 보인다.

조비가 제위를 찬탈하고 스스로 황제가 되었으니 이는 진흙으로 만든 용이나 짚으로 만든 개가 헛된 이름을 지닌 꼴입니다.[1] 저는 현명한 이들과 협력하여 그가 불법으로 제위를 차지한 즈음에 정도로써 그를 멸망시키고자 합니다. 그런

---

1) 흙으로 만든 용인 토룡(土龍)은 기우제에 사용되는 제구(祭具)이며, 짚으로 엮어 만든 개의 모형인 추구(芻狗)도 제사 때 쓰고 버리는 물건이다.

데도 뜻밖에 귀하는 가르침은 주시지 않고 산야로 물러나고자 하십니다. 조비는 백성들에게 대규모로 노역을 시켜 오와 초를 차지하고자 합니다. 지금 조비가 바쁜 터에 우리는 국경을 봉쇄하고 농사에 주력하여 백성을 양육하고 물자를 비축하며 군사와 무기를 정비하여 그가 어려울 때를 기다려 정벌한다면 싸우지도 않고 백성을 수고로이하지도 않고 천하를 평정할 수 있습니다. 귀하께서는 덕망으로써 정사를 도우시면 될 뿐 군사 일은 맡지 않으셔도 되오니, 어찌 서둘러 떠나시려 하신단 말입니까?

## 答杜微書

曹丕篡弑, 自立爲帝, 是猶土龍芻狗之有名也. 欲與群賢因其邪僞, 以正道滅之. 怪君未有相誨, 便欲求還于山野. 丕又大興勞役, 以向吳·楚. 今因丕多務, 且以閉境勤農, 育養民物, 幷治甲兵, 以待其挫, 然後伐之, 可使兵不戰民不勞而天下定也. 君但當以德輔時耳. 不責君軍事, 何爲汲汲欲求去乎!

# 사면에 인색하다는 견해에 답함

제갈량이 촉의 군정을 장악한 이래 엄정한 법 집행으로 질서를 잡고자 하였다. 그러자 이전의 잦은 사면에 익숙했던 당지의 구세력권에서는 이에 반발하였다. 이에 제갈량은 본 글로써 공개적으로 자신의 입장을 천명하였다. 『삼국지』, 「촉지」, 후주전의 『화양국지(華陽國志)』를 인용한 배주에 보인다.

세상은 큰 덕으로 다스려야지 자그마한 은혜나 베푸는 것으로 다스려서는 아니 됩니다. 그러므로 이전의 재상 광형과 대사마 오한은 사면의 시행을 바라지 않았던 것입니다.[1] 선제께서도 역시, "내 예전에 진원방·정강성과 왕래할 때에

---

[1] 광형(匡衡)은 한 원제(元帝) 때의 승상으로 원제의 대사면 정책에 반대하였다. 오한(吳漢)은 광무제(光武帝) 때에 대사마(大司馬)를 지냈으며 사면에 반대하는 유언을 남긴 바 있다.

늘 그들의 말을 들어 다스림의 도리를 익혔는데 사면에 대해
언급한 일은 없었다"라고 말씀하셨습니다.[2] 만약 유표나 유
언, 유장 부자의 경우처럼 해마다 사면을 시행한다면 그것이
나라를 다스리는 데 있어 무슨 도움이 되겠습니까!

答惜赦

治世以大德, 不以小惠, 故匡衡·吳漢不願爲赦. 先帝亦言,
吾周旋陳元方·鄭康成間, 每見啓告, 治亂之道悉矣, 曾不語赦
也. 若劉景升·季玉父子, 歲歲赦宥, 何益于治!

---

2) 진원방(陳元方)의 이름은 기(紀), 정강성(鄭康成)의 이름은 현(玄)으
로 모두 상당한 명망가이며 정현은 대학자이기도 하다. 유비가 서주
목(徐州牧)으로 있을 때 자주 왕래하던 인물들이다.

# 간언에 대해 답함

225년 남중(南中) 지역의 반란을 평정한 제갈량은 촉에 충성하기를 바라는 그곳 소수 민족의 인사들을 관리로 임명하는 대담한 정책을 시행했다. 이 글은 이에 반대하는 간언에 대해 그 타당성을 일러주는 글이다. 제갈량은 이렇게 후방인 남방을 안정시키고 역량을 집중하여 북벌을 꾀하였다. 『삼국지』, 「촉지」, 제갈량전 배주에 인용된 『한진춘추(漢晉春秋)』에 보인다.

만약 한족 관리를 남겨두려면 군대도 주둔시켜야 한다. 군대를 주둔시키기에는 식량이 없으니, 이 점이 첫번째 어려움이다. 더욱이 남중의 소수 민족은 전쟁의 상처를 입어 부형을 잃은 이가 많으므로 외부인인 한족의 관리만 남겨두고 군대를 주둔시키지 않는다면 화가 있을 것이니, 이 점이 두번째 어려움이다. 또 이곳 소수 민족은 여러 차례 한족 관리

를 살해하여 제거한 죄행을 저질렀으며 쌍방간에 틈이 크다
고 여기고 있어 만약 한족 관리를 남겨둔다면 끝내 불신할
것이니, 이 점이 세번째 어려움이다. 지금 나는 군대를 남겨
두지 않고 군량도 나르지 않고서 대체적인 기강을 세우고자
하니, 이는 한족과 남중 민족과의 대체적인 안녕을 기하기
위해서일 따름이다.


喻　諫


　若留外人, 則當留兵, 兵留則無所食, 一不易也; 加夷新傷破,
父兄死喪, 留外人而無兵者, 必成禍患, 二不易也; 又夷累有廢
殺之罪, 自嫌釁重, 若留外人, 終不相信, 三不易也. 今吾欲使不
留兵, 不運粮, 而綱紀粗定, 夷漢粗安故耳.

# 맹달에게 보내는 글

맹달은 유장의 옛 부하로서 유비에게 투항한 후 의도태수(宜都太守)를 맡아 사이가 나빴던 유봉(劉封)과 함께 상용(上庸) 지역을 지켰다. 그러던 중 219년 오나라가 형주를 습격하여 관우의 군대를 패퇴시킬 때 구원병을 보내지 않더니 그 책임이 두려워 위에 투항하였다. 225년 제갈량이 남중의 반란을 평정하고 돌아오던 중 한양(漢陽)에서 위나라로부터 항복해온 이홍(李鴻)을 만나 맹달의 근황을 듣고, 이 글을 보내 당시의 책임을 유봉에게 돌리며 회유하였다. 결국 맹달은 제갈량이 북벌할 때 제갈량에게 협조하였으나 비밀이 누설되어 사마의(司馬懿)에게 살해됐다. 『삼국지』, 「촉지」, 비의전(費禕傳)에 보인다.

지난해 대군을 이끌고 남정한 후 연말에 돌아오다가 이홍을 한양에서 만나 그대의 소식을 듣고는 감개가 무량하여 탄

식이 나왔소이다. 그대의 평소 심지를 살피건대 어찌 헛된 이름과 영예를 구해 고상한 덕의 주군을 떠났단 말이오! 아아, 맹달 선생이여! 이는 실로 유봉이 그대를 욕보이고 현인을 우대하시는 선제의 뜻을 저버린 때문이오. 또 이홍의 말을 듣자니, 왕충(王冲)이 나에 대한 유언비어를 날조했을 때 그대는 내 마음을 알고 그의 말을 듣지 않았다고 하더이다. 그대가 하고 싶어할 말을 생각하며 평생의 우의를 되돌아보노라니 아쉬움에 젖어 동쪽을 바라보면서 편지를 보냅니다.


## 與孟達書


往年南征, 歲末乃還, 適與李鴻會于漢陽, 承知消息, 慨然永嘆, 以存足下平素之志, 豈徒空托名榮, 貴爲乖離乎! 嗚呼孟子, 斯實劉封侵陵足下, 以傷先帝待士之義. 又鴻道王沖造作虛語, 云足下量度吾心, 不受沖說. 尋表明之言, 追平生之好, 依依東望, 故遣有書.

# 장예에게 보내는 글

장예는 본래 유장의 부하로서 유비가 촉에 진주할 때 장비에게 패하여 항복하였다. 그 후 파군태수(巴郡太守)를 맡던 중 옹개(雍闓)의 배반으로 오나라에 이송됐다가 촉과 오가 연맹함에 따라 촉으로 돌아왔다. 제갈량이 북벌할 때는 승상부에서 비서장에 해당하는 직책을 맡았다. 그는 일 처리가 민첩하였으나 마음이 좁아 아들이 양홍(楊洪)에게 벌받은 문제와 사염위(司鹽尉) 잠술(岑述)과의 불화로 불만을 품었는데, 제갈량은 이 글로 대국적 견지에서 우정과 대의로 호소하여 단결을 당부하였다. 『삼국지』,「촉지」, 양홍전(楊洪傳)에 보인다.

그대가 맥하(陌下)에서 장비에게 패했을 때에 나는 그대 걱정에 음식의 맛을 잃었으며, 그대가 남해에서 유랑할 때는 비탄에 젖어 잠자리도 편치 못했소. 그대가 돌아오자 대임을

맡겨 함께 왕실을 보좌하면서 그대와의 교분이 금석과도 같
다고 여기었소. 금석과도 같은 굳은 친우간에는 원수조차도
추천하여 서로 도우며, 사심이 없음을 보이기 위해선 뼈와
살을 갈라내는 일도 마다하지 않는 법인데, 하물며 내가 단
지 잠술에게 자리를 주어 맡기는 일도 참지 못한단 말씀이오
니까!

與張裔書

　君昔在陌下, 營壞, 吾之用心, 食不知味; 後流進南海, 相爲
悲嘆, 寢不安席; 及其來還, 委付大任, 同獎王室, 自以爲與君
古之石交也. 石交之道, 擧仇以相益, 割骨肉以相明, 猶不相謝
也, 況吾但委意于元儉, 而君不能忍邪?

# 내민 축출의 교령

내민은 유장의 인척으로서 박식하고 재능이 많아 유비 아래에서 여러 요직을 맡았다. 그러나 예절을 무시하고 언사가 경망하여 수차 쫓겨나기도 하였다. 제갈량은 그가 명문 출신인 데다 또 구신임을 고려하여 반복하여 기용하였다. 그러나 그가 신인 등용을 반대하며 원망을 일삼는 터라 끝내 그의 직위를 해제하고 반성할 것을 명령하는 교령을 내려 엄정한 위엄을 지켰다. 『삼국지』, 「촉지」, 내민전(來敏傳)의 배주에 보인다.

장군 내민은 상부에 대해 공개적으로 질책하여, "새로운 인물들이 무슨 공덕이 있기에 내 영예를 빼앗아 그들에게 주는가? 뭇 사람들이 나를 미워하는데 도대체 왜인가?"라고 하였다. 내민은 나이가 들어 망령되어 그런 원망을 하는도다. 전에 성도(成都)가 처음으로 안정되었을 때 사람들은 내

민이 군중을 혼란시킴이 공륭[1]보다 더하다고 하였도다. 그러나 선제께서는 막 안정을 찾은 때인지라 관용을 베풀어 중요한 직책을 주지 않는 정도로 그쳤도다. 그 후 유파(劉巴)가 처음으로 태자가령[2]으로 선발하자 선주께서는 좋아하지 않으셨으나 차마 거절하지 못하셨노라. 지금의 주군께서 즉위하신 이래, 나는 사람들을 잘 알아보지 못하고 다시 그를 장군(將軍)과 좨주로 발탁하면서, 남들의 바른 의론을 듣지 않고 또 선제께서 중용하지 않은 뜻을 거스르면서도, 스스로는 권면함으로써 비루한 습속을 고치고 바른 도리로써 인도할 수 있으리라고 생각하였도다.[3] 지금 이미 그것이 불가능하므로 상소문으로써 그의 직위를 박탈하고, 그로 하여금 문을 걸고 자신의 죄를 반성하도록 하는 바이다.

### 黜來敏敎

將軍來敏對上官顯言：“新人有何功德而奪我榮資與之邪？ 諸

---

1) 공륭(孔融)： 노(魯)나라 사람으로 자는 문거(文擧)이며 공자의 22대 자손이다. 조조에게 불리한 언사로 조조의 노여움을 사 208년에 피살되었다.
2) 태자가령(太子家令)은 태자의 집안일을 맡아 처리하는 관직.
3) 좨주(祭酒)는 어떤 모임에서 덕행이나 나이가 가장 위인 사람을 일컫는 말로서 관직명으로도 흔히 사용된다. 여기서는 군좨주(軍祭酒)를 가리키며 군무에 참여하는 수석 참모에 해당한다.

人共憎我, 何故如是?”敏年老狂悖, 生此怨言. 昔成都初定, 議
者以爲來敏亂群, 過于孔文擧. 先帝以新定之際, 故遂含容, 無
所禮用. 後劉子初選以爲太子家令, 先帝不悅而不忍拒也, 後主
上卽位, 吾闇于知人, 遂復擢爲將軍祭酒, 違議者之審見, 背先
帝所疏外, 自謂能以敦厲薄俗, 帥之以義. 今旣不能, 表退職, 使
閉門思愆.

# 출병하며 올리는 글

남방 정벌에 성공하여 후방으로부터의 불안을 해소시킨 제갈량은, 227년 대군을 인솔하여 한중에 주둔시키고, '한 왕실의 부흥과 옛 수도로의 귀환'을 기치로 내걸고, 이미 조예(曹睿)가 제위에 오른 위나라를 상대로 북벌 전쟁을 시작하였다. 이 글은 출발에 앞서 주군인 유선에게 북벌로써 천하 통일을 달성하려는 웅지를 천명하면서 조정에 대한 건의 및 충고를 아끼지 않은 글이다. 제갈량의 진정한 애국 충정이 잘 표현된 명문으로, 고금에 걸쳐 인구에 회자되는 글이다. 이 글 외에 「후출사표」 한 편이 있으므로 본 편을 「전출사표」라고도 부른다. 다만 「후출사표」는 후인의 위작으로 판명되었다. 『삼국지』, 「촉지」, 제갈량전에 보인다.

선제께서 천하 통일의 대업을 시작하여 그 반도 이루시기 전에 중도에서 붕어하시니, 지금 천하는 삼분된 터에 익주는

피폐하여 실로 존망이 위급한 때입니다. 그러나 안으로는 보필하는 신하들이 해이됨이 없고, 밖으로는 충성된 이들이 몸을 돌보지 않고 있으니, 이는 선제로부터 받은 특별한 대우를 폐하께 보답하고자 해서입니다. 폐하께선 실로 마음을 열고 뭇 신하들의 의견을 경청하시어 선제께서 남기신 덕을 빛내시고, 지사들의 기개를 발양시켜야 할 것입니다. 경망되이 스스로를 비하하거나 이치에 맞지 않는 말로 충성된 간언을 막아서는 안 될 것입니다. 왕궁과 승상부가 일체이어야 하니 잘못을 벌주고 훌륭한 일을 상줌에 있어 기준이 달라서는 아니 됩니다. 만약 간악하고 법을 어기는 자나 충성되고 선을 행하는 이가 있거든 마땅히 담당 부서에 맡겨 벌과 상을 논의하게 하시어 폐하의 공명 정대한 통치 도리를 밝히셔야 합니다. 편벽되어 안과 밖의 법 적용이 달라서는 아니 됩니다.

시중인 곽유지(郭攸之)와 비의(費褘), 시랑인 동윤(董允) 등은 모두 선량하고 성실하며 생각이 충성되고 거짓이 없어 선제께서 발탁하시어 폐하께 남기신 신하들입니다.[1] 우둔한 제 생각으로는, 궁중의 일은 대소를 막론하고 모두 그들에게 자문하시어 처리하신다면 반드시 빠지고 부족한 바를 보충하여 유익함이 크리라 사료됩니다. 장군 상총은 성품과 행실

---

1) 시중(侍中)은 황제의 시종관으로 황제에게 정책을 올리거나 황제를 대신해서 조정 신하와 함께 정사를 처리하기도 한다. 시랑(侍郎)은 황제를 대신하여 조서(詔書)를 기초하거나 문서 전송을 담당한다.

이 선량하고 군사에 정통하여 전에 일을 맡겼을 때에 선제께
서도 능력이 있다고 하셨으며, 많은 이들의 천거로 중부독이
됐습니다.[2] 우둔한 제 생각에, 군영의 일을 대소를 막론하고
모두 그에게 맡기신다면 군영은 화목하고 각자가 능력의 우
열에 따라 제자리를 찾으리라 생각됩니다.

현명한 신하를 가까이하고 소인배를 멀리하십시오. 이것
은 전한이 흥성했던 까닭입니다. 소인배를 가까이하고 현명
한 신하를 멀리하는 것, 이것은 후한이 망한 까닭입니다. 선
제께서는 생전에 저와 이 일을 논의하실 때마다 환제와 영제
의 일로 애통해하며 탄식하지 않으신 적이 없었습니다.[3] 시
중·· 상서 · 장사 · 참군은 모두가 바르고 현명하며 죽음으로
절개를 지킬 신하이니 폐하께서 그들을 가까이하고 믿으신
다면 한 왕실의 부흥은 머지않을 것입니다.[4]

저는 본디 평민으로서 남양(南陽)에서 농사일로 난세에
구차하게 생명을 부지하면서 제후들에게 알려지기를 구하지

---

2) 상총(向寵)은 유선이 즉위한 후 중부독(中部督)을 맡아 궁정의 금위
   부대를 통솔하였다. 일찍이 유비가 오나라를 공격했다가 불리한 상황
   에 처하였을 때에도 그가 지휘하는 부대만은 일사불란하게 기율과 전
   력을 유지함으로써 유비의 칭송을 받은 바 있다.
3) 환제(桓帝)와 영제(靈帝)는 각기 후한의 유지(劉志)와 유굉(劉宏)으
   로, 인척에게 관직을 주고 환관을 총신함으로써 난국을 초래한 황제
   이다.
4) 당시 시중(侍中)은 곽유지와 비의, 상서(尙書)는 진진(陳震), 장사(長
   史)는 장예(張裔), 참군(參軍)은 장완(蔣琬)이었다.

않았습니다. 다만 선제께서는 저를 천하다 여기지 않으시고 외람되이 스스로를 낮추시어 초려로 세 차례나 찾아주시고는 세상의 일을 물어주셨습니다. 이에 감격하여 마침내 선제께 힘써 노력할 것을 약속드렸습니다. 그 후 패전의 때에 중임을 맡았고 그 이래로 위험하고 어려운 가운데 스무한 해가 지났습니다. 선제께서는 제가 조심스럽고 신중하다고 여기시어, 붕어하실 즈음 제게 천하 대사를 맡기셨습니다. 명령을 받은 이래 밤낮으로 근심과 두려움 속에, 늘 부탁하신 바를 이루지 못하여 선제의 현명하심을 해할까 염려했습니다. 그리하여 오월에 노수(瀘水)를 건너 불모지에 깊이 들어갔었습니다. 그러나 지금 남방은 이미 평정되었고 갑옷과 무기가 충분하여 마땅히 삼군을 이끌고 중원을 평정할 때이니, 저의 노둔함을 다해 흉악한 자를 제거하여 한나라 왕실을 부흥시키고 옛 수도로 돌아가고자 합니다. 이것이 선제께 보답하고 폐하께 충성하는 일입니다. 득실을 살피고 충언을 올리는 일은 곽유지와 비의와 동윤 등의 임무입니다.

원컨대 폐하께서는 제게 적을 토벌하여 왕실을 부흥시키는 일을 맡기십시오. 만약 실패하면 저의 죄를 다스려 선제의 영혼 앞에 고해주십시오. 만약 덕을 돕는 충언이 없거든 동윤 등을 처단하여 그 태만함을 드러내보이십시오. 폐하께서도 마땅히 스스로 깊이 생각하시며 좋은 방책을 물어 바른 견해를 취하십시오. 선제께서 남기신 유언을 되돌려 생각하면 그 은혜에 대한 감격을 이겨낼 수가 없습니다. 지금은 멀리 떠나가야 할 때, 글을 마주하고 있자니 눈물만 떨어지고 무어라 아뢰었는지조차 모르겠습니다.

## 出師表

先帝創業未半而中道崩殂, 今天下三分, 益州疲弊, 此誠危急存亡之秋也. 然侍衛之臣不懈于內, 忠志之士忘身于外者, 蓋追先帝之殊遇, 欲報之于陛下也. 誠宜開張聖聽, 以光先帝遺德, 恢弘志士之氣, 不宜妄自菲薄, 引喩失義, 以塞忠諫之路也. 宮中府中, 俱爲一體, 陟罰臧否, 不宜異同. 若有作奸犯科及爲忠善者, 宜付有司論其刑賞, 以昭陛下平明之理, 不宜偏私, 使內外異法也. 侍中 · 侍郞郭攸之 · 費 · 褘 · 董允等, 此皆良實, 志慮忠純, 是以先帝簡拔以遺陛下. 愚以爲宮中之事, 事無大小, 悉以咨之, 然後施行, 必能裨補闕漏, 有所廣益. 將軍向寵, 性行淑均, 曉暢軍事, 試用于昔日, 先帝稱之曰能, 是以衆議擧寵爲督. 愚以爲營中之事, 悉以咨之, 必能使行陣和睦, 優劣得所. 親賢臣, 遠小人, 此先漢所以興隆也; 親小人, 遠賢臣, 此後漢所以傾頹也. 先帝在時, 每與臣論此事, 未嘗不歎息痛恨于桓 · 靈也 · 侍中 · 尙書 · 長史 · 參軍, 此悉貞亮死節之臣, 願陛下親之信之, 則漢室之隆, 可計日而待也. 臣本布衣, 躬耕于南陽, 苟全性命于亂世, 不求聞達于諸侯. 先帝不以臣卑鄙, 猥自枉屈, 三顧臣于草廬之中, 咨臣以當世之事, 由是感激, 遂許先帝以驅馳. 後值傾覆, 受任于敗軍之際, 奉命于危難之間, 爾來二十有一年矣. 先帝知臣謹慎, 故臨崩寄臣以大事也. 受命以來, 夙夜憂嘆, 恐付託不效, 以傷先帝之明, 故五月渡瀘, 深入不毛. 今南方已定, 兵甲已足, 當獎率三軍, 北定中原, 庶竭駑鈍, 攘除奸凶, 興復漢室, 還于舊都, 此臣所以報先帝, 而忠陛下之職分也. 至于斟酌損益, 進盡忠言, 則攸之·禕·允之任也. 願陛下托臣以討賊興復之效; 不效, 則治臣之罪, 以告先帝之靈. 若無興德之言, 則責攸之·禕·允等之慢, 以彰其咎. 陛下亦宜自謀, 以咨諏善道, 察納雅言. 深追先帝遺詔, 臣不勝受恩感激. 今當遠離, 臨表涕零, 不知所言.

# 후제를 대신한 위나라 정벌의 조서

이 글은 제갈량이 촉의 후주인 유선을 대신하여 쓴 글로서, 227년 북벌을 시도할 때 반포되었다. 한 왕실 부흥을 목적으로 한 북벌 전쟁의 정의로움을 선전하고 필승에 대한 결의와 적에 대한 회유를 주 내용으로 담고 있다. 『삼국지』, 「촉지」, 후주전 배주에 인용된 『제갈량집』에 보인다.

짐이 듣기로, 천지의 도는 어진 이에게 복을 내리고 사악한 이에게 화를 내리므로, 선행을 쌓은 이는 번성하고 악행을 쌓은 자는 멸망하는 것이 고금의 변함없는 이치인 것이다. 그러므로 탕왕과 무왕은 덕을 닦아 왕이 되었고, 걸과 주는 극도로 포악하여 멸망하였다.[1] 전에 한 왕실이 중도에 쇠

---

1) 탕(湯)은 상(商)의 개국 군주, 무(武)는 주(周) 무왕(武王). 걸(桀)은 하(夏)의 마지막 군주, 주(紂)는 상의 마지막 군주.

퇴하여 간악한 자들이 법을 어기고 동탁이 난을 일으켜 낙양 일대를 뒤흔들어놓더니, 조조는 환난을 틈타 조정의 대권을 훔쳐 전국을 휩쓸면서 황제를 무시하였다. 그 아들 조비도 어지러움을 틈타 정권을 찬탈하여 제왕의 성씨와 문물 제도를 바꾸면서 대를 이어 악행을 저질렀다. 그 즈음 국가의 질서는 어지럽고 주군마저 없어 우리 한나라는 멸망할 상황이었다.

소열(昭烈)황제는 영명함과 예지로움의 덕을 지녀 문무의 빛을 발하며 천지 운행의 이치에 순응하여 솔선하여 난을 평정하고 사방을 경영하니 영령들마저 그와 함께하였으며 능력 있는 이들이 나서서 돕고 수많은 백성들이 추대하였다. 그리하여 하늘의 뜻에 순응하여 제위에 올라 연호를 바꾸고, 하늘이 정한 질서에 따라 피폐하고 쇠미한 것을 일으켜 정비하여 조상의 대업을 회복하고, 국가의 정통을 계승하여 멸망으로부터 구하셨다. 다만 애석하게도 국가가 통일되기 전에 일찍 세상을 떠나셨으니, 짐은 어린 나이에 대업을 이어받아 스승의 가르치심을 익히기도 전에 크나큰 임무를 지게 되었도다. 지금 천하는 할거의 형세인 데다 사직이 굳건하지 못한즉, 내 그 까닭을 헤아려 부족함을 바로잡아 선조의 대업을 빛내려 하였으나 여전히 완수하지 못하여 몹시 두려울 따름이라. 그리하여 밤에도 잠 못 이루고 자신의 안일을 구하지 아니하며, 검약을 실천하여 나라에 보탬을 주고, 농사를 장려하여 백성들의 재산 증식에 힘쓰며, 재능 있는 이들의 의견을 경청하며 사심을 버리고 장수들을 배양하였도다. 막 칼을 뽑아 달려나가 역적을 토벌하려 할 즈음, 진군의 깃발을 들기도 전에 조비마저 죽고 말았으니 이는 이른바 불을 붙이기도 전에 스스로 타고 만 격이로다. 그러나 잔당인 어린 놈 조예(曹叡)가 또 계속해서 화를 초래하며 중원에서 멋대로 발호하여 병난이 그치지 않는도다.

승상 제갈량은 굳은 신념과 강한 충성심으로 몸을 돌보지 아니하고 나라를 걱정하니 이는 선제께서 천하를 부탁하시고 짐을 도우라 하신 때문이라. 지금 그에게 천자가 출병할 때의 지휘권을 주어 모든 일을 스스로 결정하여 처리하도록 하며, 보병과 기병 이십만을 통솔하여 전군의 진격을 맡아 반역도를 징벌하도록 하니, 재난를 제거하고 화를 평정하여 옛 수도 낙양을 되찾는 일 모두가 이번의 토벌로 이루어질 것이다.

전에 항우는 강한 대군을 거느리고 드넓은 땅을 차지하여 큰 목표를 세웠으나 끝내 해하(垓下)에서 패해 동성(東城)에서 죽음을 맞이하였으니 종족은 모두 불에 탄 듯이 멸망하였고 천년을 이어 웃음거리가 되었노라. 이는 모두가 정도를 따르지 않고 주군을 능욕하고 백성을 얕보았기 때문이다. 지금 조씨의 위나라는 그 과오를 답습하여 하늘과 백성 모두가 원망하고 있으니 이 기회를 타 마땅히 신속하게 '불〔火〕'의 덕에 근거한 한나라의 정신과 조상들의 도움에 의지하여 행동해야 할 것이며 그렇게 된다면 반드시 성공할 것이로다.[2] 오나라 손권도 같은 생각으로 비밀리에 군대를 파견하여 적의 후방을 견제하고 제압할 것이다. 양주의 각국 국왕도 각기 월지와 강거의 수령 지부(支富)와 강식(康植) 등 이십여 인을 보내어 우리의 지휘를 받을 것이다.[3] 우리 대군은 북으로 나아가 장병과 병마를 이끌고 선봉에서 무찌를 것이니, 천명이 우리 편에 있고 또 우리로서 할 일도 다하였으며 군대의 의지도 굳고 역량도 집중되었으므로 필시 대적할 상대가 없을 것이다.

무릇 정의의 군대는 불의를 토벌함에 있어 싸우지 않고 이기니, 이는 존엄과 의로움을 갖춰 감히 대항하는 적이 없기 때문이다. 그러므로 명조(鳴條) 전투에서 탕왕의 군사는 피 흘리지 않고도 걸(桀)왕을 굴복시켰으며, 목야(牧野) 전투에서 주 무왕 앞에 주(紂)왕은 바로 창을 내려놓고 항복하였던 것이다. 지금 우리의 군대가 가는 곳마다 굳이 온 힘을

---

2) 한나라는 오행 가운데 불의 덕[火德]에 근거하여 일어난 왕조라고 믿었으므로 한나라를 '염한(炎漢)', 한나라 정신을 '염정(炎情)'이라고 했다.

3) 양주(涼州)는 지금의 감숙성(甘肅省) 일대. 월지(月支)는 원래 돈황 부근에 거주했던 종족으로 한나라 때 흉노에 패해 서천한 종족을 대월지(大月支)라 부르고 남아 있던 종족을 소월지(小月支)라고 불렀다. 강거(康居)는 신강(新疆) 북부와 중앙아시아 일대를 근거지로 했던 옛 나라 이름이다.

나해 싸울 필요도 없을 것이며, 간악한 자를 버려두고 바른 이를 따라 먹을 것과 마실 것을 들고 우리 군을 맞이하는 이들에게는 국법에 따라 등급에 맞춰 일정하게 대우할 것이다. 위나라의 종족과 먼 인척들에 대하여도 이해를 살피고 순종과 역모를 분간하여 투항하는 경우에는 관직을 내릴 것이다. 전에 보과는 형인 지백과의 관계를 끊음으로써 종족 보존의 복을 누릴 수 있었고,[4] 미자는 은(殷)을 떠남으로써 그리고 항백은 한나라에 돌아옴으로써 모두 제후로서 봉토를 받았노라.[5] 이들이 전대에 증명된 실례인 것이다. 만약 미혹되어 깨닫지 못하고 적을 돕고 제왕의 명을 거역한다면 그 자신은 물론 아내나 자식들조차 참하여 용서하지 않을 것이다. 한 왕실의 은덕과 위엄을 선양하기 위해 항복해오는 장수에게는 그 죄를 용서하며 수난받은 백성들은 상처를 어루만져 위로할 것이다. 그 밖의 사항은 조서나 율령에 따를 것이다.

---

4) 보과(輔果)의 원래 이름은 지과(智果)로 전국 시대 조(趙)나라 사람이다. 그의 형 지백(智伯)이 한(韓)과 위(魏)와 함께 조국인 조나라를 포위하자 형에게 그들을 살해하도록 권유하였다. 형이 권을 듣지 않자 그를 떠나 보(輔)씨로 성을 바꿈으로써 형은 멸망하였으나 그는 재난을 피할 수 있었다.

5) 미자(微子)는 상(商) 주(紂)왕의 이복형으로서 주왕의 잘못을 누차 간하였는데 듣지 않자 도망나왔다. 주나라 무왕이 주(紂)를 멸망시키자 돌아와 송(宋) 지방 왕에 봉해졌다. 항백(項伯)은 항우의 숙부로서 항우가 홍문(鴻門)에서 연회를 열어 유방을 죽이려고 하자 유방의 참모인 장량(張良)에게 그 사실을 알려 유방이 화를 면하도록 하였다. 후에 유(劉)씨 성을 받고 양후(陽侯)에 봉해졌다.

승상 제갈량으로 하여금 이를 천하에 선포하게 하여 짐을 뜻
을 알리고자 하노라.

## 爲後帝伐魏詔

朕聞天地之道, 福仁而禍淫; 善積者昌, 惡積者喪, 古今常數
也. 是以湯·武修德而王, 桀·紂極暴而亡. 曩者漢祚中微, 網
漏凶慝, 董卓造難, 震蕩京畿. 曹操階禍, 竊執天衡, 殘剝海內,
懷無君之心. 子丕孤豎, 敢尋亂階, 盜據神器, 更姓改物, 世濟其
凶. 當此之時, 皇極幽昧, 天下無主, 則我帝命, 隕越于下. 昭烈
皇帝體明叡之德, 光演文武, 應乾坤之運, 出身平難, 經營四方,
人鬼同謀, 百姓與能, 兆民欣戴. 奉順符讖, 建位易號, 丕承天
序, 補弊興衰, 存復祖業, 誕膺皇綱, 不墮于地. 萬國未定, 早世
遐殂. 朕以幼沖, 繼統鴻基, 未習保傅之訓, 而嬰祖宗之重. 六合
壅否, 社稷不建, 永惟所以, 念在匡救, 光載前緖, 未有攸濟, 朕
甚懼焉. 是以夙興夜寐, 不甘自逸, 每從菲薄以益國用, 勸分務
穡以阜民財, 授方任能以參其聽, 斷私降意以養將士. 欲奮劍長
驅, 指討凶逆, 朱旗未擧, 而丕復隕喪, 斯所謂不燃我薪而自焚
也. 殘類餘醜, 又支天禍, 恣睢河·洛, 阻兵未弭, 諸葛丞相弘毅
忠莊, 忘身憂國, 先帝托以天下, 以勗朕躬. 今授之以旄鉞之重,
付之以專命之權, 統領步騎二十萬衆, 董督元戎, 龔行天罰, 除
患寧亂, 克復舊都, 在此行也. 昔項籍總一彊衆, 跨州兼土, 所務

者大, 然卒敗垓下, 死于東城, 宗族焚如, 爲笑千載, 皆不以義, 陵上虐下故也. 今賊效尤, 天人所怨, 奉時宜速, 庶憑炎情·祖宗威靈相助之福, 所向必克. 吳王孫權同恤災患, 潛軍合謀, 掎角其後. 凉州諸國王各遣月支·康居胡侯支富·康植等二十餘人詣受節度. 大軍北出, 便欲率將兵馬, 奮戈先驅. 天命旣集, 人事又至, 師貞勢幷, 必無敵矣. 夫王者之兵, 有征無戰, 尊而且義, 莫甘抗也, 故鳴條之役, 軍不血刃, 牧野之師, 商人倒戈. 今旆麾首路, 其所經至, 亦不欲窮兵極武. 有能棄邪從正, 簞食壺漿以迎王師者, 國有常典, 封寵大小, 各有品限. 及魏之宗室·支葉·中外, 有能規利害·審逆順之數, 來詣降者, 皆原除之. 昔輔果絶親于智氏, 而蒙全宗之福; 微子去殷, 項伯歸漢, 皆受茅土之慶. 此前世之明驗也. 若有迷沈不反, 將助亂人, 不式王命, 戮及妻孥, 罔有攸赦. 廣宣恩威, 貸其元帥, 弔其殘民. 他如詔書律令, 丞相其露布天下, 使稱朕意焉.

# 마속의 참수에 대해 논함

마속은 제갈량이 매우 아끼던 장수이다. 그러나 그는 228년 제갈량이 처음으로 기산(祁山)에 출병하였을 때 선봉장이 되어 장합(張郃)을 상대로 가정(街亭)의 전투에 임하였는데, 이때 제갈량의 분부를 어기어 가정을 잃고 북벌의 전국면을 그르쳤다. 이에 제갈량은 마속을 참수하였는데 장완(蔣琬)이 지사(智士)의 참수에 아쉬움을 표하자 그에 답한 글이다. 『삼국지』, 「촉지」, 마속전(馬謖傳) 주에 인용된 「양양기(襄陽記)」에 보인다.

손무와 오기가 천하를 제패한 것은 법을 시행함이 공명하였기 때문이다.[1] 그러므로 양간이 법을 어기자 위강은 그의 마부를 베었다.[2] 국가가 분열되고 북벌이 막 시작되었는데 만약 법을 무시한다면 어떻게 적을 토벌할 수 있겠는가?

# 論斬馬謖

孫吳所以能制勝于天下者, 用法明也. 是以楊干亂法, 魏絳戮
其僕. 四海分裂, 兵交方始, 若復廢法, 何用討賊邪!

---

1) 손무(孫武)는 자가 장경(長慶)으로 『손자병법』의 저자이다. 제나라
   사람으로 오나라 왕 합려(闔閭)의 장수가 되어 오나라군을 이끌고 초
   나라를 격파하였다. 오기(吳起) 역시 유명한 병법가로서 초나라 도왕
   (悼王)을 보좌하며 변법을 실행하여 강국으로 만들었다.
2) 양간(楊干)은 진(晉)나라 도공(悼公)의 동생으로 제후의 모임을 어지
   럽혔는데 이때 대신인 위강(魏絳)이 그 마부를 처형하여 그에 대한
   징벌로 삼았다.

# 강등을 자청하는 가정에서의 상소문

가정 지방을 잃어 첫번째 북벌이 실패한 후, 제갈량은 마속을 의법 처단하고, 자신도 총책임자로서 자진해서 세 등급 강등될 것을 상소하여 우장군(右將軍), 대행승상사(代行丞相事)로 내려앉았다. 자신의 책임에 대해 엄정한 비판을 한 글이다. 『삼국지』, 「촉지」, 제갈량전에 보인다.

저는 천박한 재주로 감히 과분한 자리를 차지하여 전군의 지휘권을 지녔으면서도, 법과 기강을 바로잡지 못하고 큰일을 앞에 두고 두려워하여, 마속이 가정에서 명령을 어기는가 하면 조운(趙雲)이 기곡(箕谷)에서 방비를 소홀히 하도록 하였으니, 이는 모두가 제 책임으로서 임무를 제대로 부여하지 못하였기 때문입니다. 저는 사람을 잘 알아보지 못한 데다 일 처리도 어두웠으니, 패전의 책임을 지휘관에게 지운 『춘

추』의 기록대로 책임을 져야 하오니, 저의 직급을 세 등급
강등하여 과오에 대해 문책해주실 것을 청하옵니다.


街亭自貶疏


臣以弱才, 叨竊非據, 親秉旄鉞以屬三軍, 不能訓章明法, 臨
事而懼, 至有街亭違命之闕, 箕谷不戒之失, 咎皆在臣, 授任無
方. 臣明不知人, 恤事多闇, 春秋責帥, 臣職是當, 請自貶三等以
督厥咎.

# 본인의 과오 지적을 장병들에게
# 권하는 교령

   첫번째의 북벌에 실패한 제갈량은 더욱 굳건한 마음으로 재도전을 계획하였다. 그는 장병의 엄선과 군기의 확립 및 새로운 전술의 개발을 다짐함과 동시에 무엇보다 자신의 부족함을 솔직히 인정하고 자신의 결점을 지적해달라고 적극적으로 호소하였다. 『삼국지』, 「촉지」, 제갈량전의 『진한춘추(晉漢春秋)』를 인용한 배주에 보인다.

   기산과 기곡에 주둔했던 우리 군대는 적군보다 수가 많았는데도 그들을 격파하지 못하고 오히려 격파당하였으니, 이는 숫자가 적어서가 아니고 본인 한 사람의 잘못 때문이다. 지금 병사와 장군의 수를 줄이며 죄를 분명히하고 잘못을 반성하며, 형세의 변화에 변통하는 방법을 바로잡아 장래에 대비하고자 한다. 만약 그리하지 않는다면 병사의 수가 많은들

무슨 도움이 되겠는가! 지금부터 국가에 충성하고자 하는 이는 단지 나의 결점을 지적할 것이니, 그리한다면 안정을 찾고 적을 물리쳐 어렵지 않게 공을 세울 수 있을 것이다.

## 勸將士勤攻已闕敎

大軍在祁山·箕谷, 皆多于賊, 而不能破賊爲賊所破者, 則此病不在兵少也, 在一人耳. 今欲減兵省將, 明罰思過, 校變通之道于將來; 若不能然者, 雖兵多何益! 自今已後, 諸有忠慮于國, 但勤攻吾之闕, 則事可定, 賊可死, 功可蹻足而待矣.

# 다시 장예와 장완에게 보내는 글

제갈량의 첫번째 북벌 때 가정을 잃기 전까지는 위세가 당당하였으니 제갈량이 친히 주력 부대를 인솔하여 기산에 나아가 남안(南安)과 천수(天水)와 안정(安定) 세 군의 항복을 받았다. 이때 천수를 지키고 있던 강유(姜維)를 받아들였는데, 이 글은 그가 성도에 도착한 후의 일을 장예와 장완에게 부탁하는 글이다. 『삼국지』, 「촉지」, 강유전에 보인다.

강유[1]가 성도에 도착하면 먼저 오륙천 되는 중호보병[2]의

---

1) 강유(姜維): 202~264, 자는 백약(伯約). 위나라 장수였으나 제갈량에게 투항한 후 그의 두터운 신임을 받았다. 제갈량이 죽은 후에 대장군이 되어 여러 차례 위를 공략하였으나 성공하지 못하다가 유선이 투항한 후 위나라 장수 종회(鐘會)에게 투항하여 그와 함께 위나라에 반기를 들었다가 피살됐다.
2) 중호보병(中虎步兵)은 촉의 경성을 지키던 부대이다.

훈련을 맡기십시오. 강유는 군대 훈련에 매우 뛰어나며, 대담하고 합리적이며, 또 군무에 대해 깊이 이해하고 있습니다. 이 사람의 마음은 한나라 왕실의 부흥에 두고 있으며 재능과 지혜도 출중합니다. 군대 훈련의 임무가 끝나면 대궐에 들어가 주상을 뵙게 하십시오.

### 又與張裔蔣琬書

須先敎中虎步兵五六千人. 姜伯約甚敏於軍事, 旣有膽義, 深解兵意. 此人心存漢室, 而才兼於人. 畢敎軍事, 當遣詣宮, 覲見主上.

# 형 제갈근에게 조운이 적애의 잔도를
불태운 일을 알리는 글

서기 228년, 조자룡은 제갈량을 따라 북벌에 참가하여 기곡에 주둔하며 조조군의 조진(曹眞)과 싸웠다. 그러나 수적 열세로 불리해지자 적애(赤崖) 이북의 잔도(산 절벽에 말뚝을 설치하여 낸 작은 길)를 태워 적병의 추적을 따돌렸다. 이 글은 이 일을 형인 제갈근에게 알린 것이다. 『수경주(水經注)』 27권의 『면수주(沔水注)』에 보인다.

전에 조자룡[1]이 퇴군할 때 적애 북쪽의 절벽길을 불태워 버렸습니다. 그리하여 골짜기를 따라 백여 리에 걸쳐 길을

---

1) 조자룡(趙子龍): ?~229, 이름은 운(運)이고 자룡은 그의 字이다. 원래는 공손찬(公孫瓚)의 수하였으나 후에 유비를 따름. 207년 유비가 장판에서 패하였을 때 적진에서 유비의 부인인 감부인과 유비의 아들인 아두(阿斗, 유선의 어릴 적 이름)를 구해내어 이름을 떨침.

냈던 난간은 한쪽은 산허리에 묻히고 한쪽은 물 속 기둥 위
에 걸렸습니다. 지금 물이 불은 데다 급하여 기둥을 바로 세
울 수 없으니 이런 형편에서는 억지로 수리할 수 없습니다.


與兄瑾言趙雲燒赤崖閣道書


前趙子龍退軍, 燒壞赤崖以北閣道. 緣谷百餘里, 其閣梁一頭
入山腹, 其一頭立柱于水中. 今水大而急, 不得安柱, 以其窮極,
不可彊也.

# 형 제갈근에게 수양계곡의 길을
# 닦은 일을 알리는 글

수양계곡은 사곡(斜谷)에서 조조군이 있는 진창(陳倉)으로 통하는 계곡으로서 이 길의 개척은 조조군의 견제에 도움이 되었다. 서기 228년 제갈량이 산관(散關)을 나와 진창을 포위하였다가 군량의 부족으로 퇴군하였는데 이 길을 통해 퇴군한 것으로 여겨진다. 이 글은 그 후에 쓴 것이라 보여진다.『수경주(水經注)』『위수주(渭水注)』에 보인다.

수양이라는 작은 계곡은 비록 깎아지른 절벽의 험로로서 계곡 물이 종횡으로 흘러 행군하기 힘든 곳이나, 전에 아군의 순라병이 오가던 통로가 있습니다. 지금 전초 부대로 하여금 이 길을 닦아 진창으로 통하게 하였습니다. 이로써 적군이 군대를 나누어 동쪽으로 가지 못하게 견제할 수 있게 되었습니다.

# 與兄瑾言治綏陽谷書

有綏陽小谷, 雖山崖絶險, 溪水縱橫, 難用行軍. 昔邏候往來, 要道通入. 今使前軍斫治此道, 以向陳倉, 足以扳連賊勢, 使不得分兵東行者也.

# 축하에 대하여 답함

228년 봄, 제갈량은 대군을 이끌고 기산에 나아가 부근 세 군의 위군을 항복시키고 또 뛰어난 장군 강유를 받아들였다. 이에 부하들이 이 일을 축하하였으나 그는 기뻐하기보다는 오히려 국가의 분열로 인한 동족간의 싸움에 대해 자괴심을 표출하였다. 『삼국지』, 「촉지」, 제갈량전 주에 인용된 곽충오사(郭冲五事) 안에 보인다.

하늘 아래 한나라 백성이 아닌 이가 없거늘, 통일된 국가의 위엄이 서지 않아 백성들로 하여금 승냥이와 늑대와 같은 무리의 위협 속에 고생하게 하였도다. 한 사람이 죽어도 모두가 나의 죄인데 이를 가지고 나에게 축하한다면 부끄럽지 않을 수 있겠는가!

謝賀者

普天之下, 莫非漢民, 國家威力未擧, 使百姓困於豺狼之吻.
一夫有死, 皆亮之罪, 以此相賀, 能不爲愧.

# 이엄에게 답하는 글

유비가 죽자 오랫동안 고관을 지내온 이엄(李嚴)은 제갈량에게 구석(九錫: 상으로 받는 아홉 가지 기물)을 받아 왕의 지위에 오를 것을 권하면서 이를 계기로 더 많은 이익을 챙기려 하였다. 이에 대해 제갈량은 그의 자만심을 비판하고 국가 대업에 힘쓸 것을 권하였다. 『삼국지』, 「촉지」, 이엄전(李嚴傳) 주에 인용된 『제갈량집』에 보인다.

저와 그대는 오랫동안 같이 지내왔으니 서로 해명이 필요 없는 사이입니다. 그러나 그대는 나라를 빛내는 일을 가르쳐 주면서 일반적인 법규에 구속되지 말라고 권고하시니 가만히 있을 수가 없습니다. 저는 본디 동방의 하찮은 서생으로 선제 밑에서 등용되어 더없이 높은 신하가 되어 수많은 봉록을 받았습니다. 그러나 지금 적의 토벌도 성공하지 못하고

지기(知己)에 대한 보답도 못한 터에 제(齊) 환공(桓公)과 진(晋) 문공(文公)의 반열에 올라 스스로를 귀하고 높이 여긴다면 이는 의롭지 못한 일입니다. 만약 위나라를 멸망시키고 조예(曹叡)를 베어 폐하를 낙양 옛 수도로 돌아가시게 한 후에 여러 동료들과 함께 같이 작위를 받는다면, 비록 열 가지 상이라도 받을 것이니 하물며 아홉 가지 상을 마다하겠습니까!


## 答李嚴書


吾與足下相知久矣, 可不復相解! 足下方海以光國, 戒以勿拘之道, 是以未得默已. 吾本東方下士, 誤用于先帝, 位極人臣, 祿賜百億. 今討賊未效, 知己未答, 而方寵齊晋, 坐自貴大, 非其義也. 若滅魏斬叡, 帝還故居, 與諸子竝升, 雖十命可受, 況于九邪!

# 연맹 관계의 단절에 대해 논함

229년 손권이 제위에 오른 후 이를 통고해오자 촉의 대신들은 명분과 실익의 측면, 즉 그의 불법적 즉위와 위를 공략할 뜻이 없음을 들어 그와의 연맹 관계를 끊고 성토할 것을 주장하였다. 그러나 제갈량은 북벌을 위한 오촉(吳蜀) 연맹의 중요성과 절교의 위험성을 들어 관계 유지를 주장하였다. 그리고 축하의 사절을 파견하기까지 하였다. 『삼국지』, 「촉지」, 제갈량전 배주에 인용된 『한진춘추』에 보인다.

제위에 오르려는 손권의 야심은 오래되었습니다. 그러나 우리나라에서 그의 야심에 주의하지 않은 것은 위나라에 대한 협공의 도움이 필요했기 때문입니다. 지금 공개적으로 그와 단교한다면 우리에 대한 원한이 깊어질 것이고, 그리 되면 우리는 마땅히 동쪽으로 군사를 이동하여 그와 다투어 그

의 땅을 점령한 후에야 중원 정벌을 논의할 수 있습니다. 그런데 그에게는 많은 현인이 있는 데다 장수들도 단결되어 하루아침에 평정할 수는 없습니다. 군대를 주둔하여 대치하면서 그가 피폐해지기를 기다린다면, 이는 북쪽의 적들이 바라는 바로서 상책이 못 됩니다. 과거에 한나라 문제(文帝)께서는 겸손한 언사를 써가며 흉노와 화친하였으며, 선제께서는 후한 조건으로 오나라와 연맹을 맺었으니, 이는 형세의 변화를 헤아려 원대한 이익을 깊이 생각해서이며 필부의 생각이 미칠 바가 아닙니다. 지금 사람들은 손권이 삼국 정립을 유지함이 자신에게 유리하다고 여겨 우리와 협력하지 않고, 또 이미 만족하여 장강을 건너 위나라를 공략할 생각을 하지 않는다고 하오나, 이는 옳은 말인 듯하지만 분석해보면 옳지 않습니다. 왜냐하면, 손권은 지금 지모와 역량이 부족하여 강남에서 자신을 보전하는 것으로서, 그가 장강을 건너지 못하는 것은 위나라 도적들이 한수(漢水)를 넘지 못하는 것과 같으며, 여력이 있는데도 그 이익을 취하지 않는 것은 아닙니다. 만약 우리 대군이 북벌을 실행하면 그는 상책으로는 동시에 출병하여 위의 땅을 분할하고 나서 차후 계획을 세울 것이며, 하책으로는 위나라의 인력과 물자를 약탈하고 영토을 확장하면서 국내에 무력을 과시할 것으로, 결코 그가 암전히 좌시하고 있지만은 않을 것입니다. 가령 그가 움직이지 않고 우리와의 화친만을 유지한다고 하여도, 우리의 북벌은 동쪽에 대한 염려를 덜 수 있으며 황하 이남의 위나라 대군이 모두 서쪽의 우리만을 상대하지는 못할 것이니, 이러한 이점만도 이미 대단한 것입니다. 그러므로 손권의 월권을 밝혀 성토하지 않는 것이 마땅합니다.


## 絶盟好議


權有僭逆之心久矣, 國家所以略其釁情者, 求掎角之援也. 今若加顯絶, 仇我必深, 便當移兵東伐, 與之角力, 須幷其土, 內議中原. 彼賢才尙多, 將相緝穆, 未可一朝定也. 鈍兵相持, 坐而須老, 使北賊得計, 非算之上者. 昔孝文卑辭匈奴, 先帝優與吳盟, 皆應權通變, 弘思遠益, 非匹夫之爲忿者也. 今議者咸以權利在鼎足, 不能幷力, 且志望以滿, 無上岸之情, 推此, 皆似是而非也. 何者? 其智力不侔, 故限江自保; 權之不能越江, 猶魏賊之不能渡漢, 非力有餘而利不取也. 若大軍致討, 彼高當分裂其地以爲後規, 下當略民廣境, 示武于內, 非端坐者也. 若就其不動而睦于我, 我之北伐, 無東顧之憂, 河南之衆不得盡西, 此之爲利, 亦已深矣. 權僭之罪, 未宜明也.

# 도끼 제작의 교령

229년, 제갈량은 진식(陳式)을 파견하여 무도(武都)와 음평(陰平)을 공략하게 하고 자신은 대군을 이끌고 건위(建威)로 나아가 위군을 격퇴하여 두 군을 평정하였다. 그런 후에 도끼 수백 자루를 만들어 오랫동안 사용해보며 비교한 끝에 앞선 전투에서의 무기 파손의 까닭을 찾아내었으며, 담당관에게 그 책임을 물었다. 이 글은 제갈량의 철저한 문제 규명의 자세를 보여준다. 『태평어람(太平御覽)』337, 763권에 보인다.

전에 만든 도끼는 모두 쓸모가 없었다. 전에 무도에서의 어느 날 적의 방어물인 녹각[1]에 칼과 도끼 천여 자루가 파손

---

1) 녹각(鹿角)은 일종의 방어물로서 가지가 달린 나무의 아래를 땅에 묻어 세워둠으로써 적의 전진을 막는 장치이다. 사슴 뿔과 같은 모습이었으므로 녹각이라 하였다.

됐는데, 다행히 적이 패주하였으니 망정이지 만약 그렇지 않았다면 사용할 수 있는 것이 없었다. 최근 담당 부서에 칼과 도끼 수백 자루를 만들게 하여 백여 일을 사용하였으나 못 쓰게 된 것이 없었다. 내 이제 전의 제작 주관자가 무책임했음을 알아 마땅히 그 죄를 다스릴 것인즉, 이는 작은 일이 아니기 때문이다. 만약 그런 일이 적 앞에서 발생한다면 군사 행동을 그르칠 것이다.

## 作斧敎

前後所作斧, 都不可用. 前到武都一日, 鹿角壞刀斧千餘枚. 賴賊已走, 若未走, 無所復用. 間自令作部作刀斧數百枚, 用之百餘日, 初無壞者. 余乃知彼主者無意, 宜收治之, 非小事也. 若臨敵, 敗人軍事矣.

# 이평을 탄핵하는 상소문

231년, 북벌에 나선 제갈량은 이평(李平: 이엄의 개명한 새 이름)에게 군량 수송을 관할케 하였다. 마침 오랫동안의 비로 수송이 어렵자 이평은 조정의 명령을 위조하여 제갈량에게 철군하게 하였다. 그리고는 다시 제갈량이 적을 섬멸코자 거짓 철군하였다고 조정을 속였다. 이에 제갈량은 그의 속임수를 밝혀내고, 또 그밖의 군령 불복 행위를 들어 의법 처리할 것을 요청하였다.『삼국지』,「촉지」, 이엄전에 보인다.

선제께서 붕어하신 이래, 이평은 자기 집안만을 생각하여 자그마한 시혜만을 일삼으며 안일과 명예만을 구하고 나라 걱정은 하지 않았습니다. 제가 북벌에 나섰을 때 이평의 군사를 불러 한중을 지키도록 하였으나 그는 각종 어려움만 내세워 군사를 보내오지는 않고, 오히려 익주의 다섯 군으로

파주자사(巴州刺史)가 되겠다고 요구하였습니다. 작년에 제가 서방을 정벌할 때 이평에게 한중 관할을 명하려 하니 그는 사마의[1] 등이 모두 자신의 관할 기구를 설립하여 부하를 임명한다고 말하였습니다.[2] 제가 알기에, 이평은 타고나기가 비열하여 군대 동원 때마다 제게 이익을 요구했습니다. 그런 연유로 그의 아들 이풍(李豊)을 추천하여 강주(江州)를 주관하도록 우대함으로써 급한 일을 해결하였던 것입니다. 이평이 한중에 온 날, 그에게 군정의 여러 업무를 맡기자, 높고 낮은 신하들 모두가 이평에 대한 후대를 탓하였습니다. 마침 통일의 대업이 끝나지 않고 한 왕실이 위험한 터라 이평의 잘못을 책하느니 차라리 포상함이 낳다고도 생각했었습니다. 하오나 이평의 마음이 영예와 이익에만 가 있다고 알기는 하였으나 그렇게도 본말이 전도된 줄은 생각하지 못했습니다. 만약 이 일을 미룬다면 장차 화가 닥칠 것입니다. 이는 제가 불민한 탓이오니 더 말씀드린다면 제 허물만 많아질 따름입니다.

---

1) 사마의(司馬懿): 179~251, 자는 중달(仲達). 조조의 주부를 지내다가 후에 대장군이 되어 여러 차례 제갈량과 교전했다. 249년 조상(曹爽)을 살해하고 전권을 손아귀에 넣었다.
2) 기구 단위의 하나인 부(府)의 설립을 개부(開府), 관리의 임명을 벽소(酸召)라 하였다. 부의 경우에는 삼공(三公)과 대장군 등 고급 관리의 임명권을 지녔다.

## 彈李平表

　自先帝崩後, 平所在治家, 尙爲小惠, 安身求名, 無憂國之事. 臣當北出, 欲得平兵以鎭漢中, 平窮難縱橫, 無有來意, 而求以五郡爲巴州刺史. 去年臣欲西征, 欲令平主督漢中, 平說司馬懿等開府辟召. 臣知平鄙情, 欲因行之際逼臣取利也, 是以表平子豐督主江州, 隆崇其遇, 以取一時之務. 平至之日, 都委諸事, 群臣上下皆怪臣待平之厚也. 正以大事未定, 漢室傾危, 伐平之短, 莫若褒之. 然謂平情在于榮利而已, 不意平心顚倒乃爾. 若事稽留, 將致禍敗, 是臣不敏, 言多增咎.

# 상서령 이평을 고발하는 공문

제갈량은 이평을 탄핵하는 상소를 올린 후에 문무 관원들과 그의 처리 문제를 의론하였다. 모두들 이평의 법과 군기 문란 행위에 대해 절대 용서할 수 없다는 의견이었으므로 그들과 연명하여 공문을 올렸으며, 결국 후주(後主) 유선은 상서령(尙書令: 황제 비서실장에 해당함)이던 이평을 재동군(梓潼郡)에 유배 보냈다. 『삼국지』, 「촉지」, 이엄전의 배주에 보인다.

이평은 국가 대신으로서 은혜를 지나치게 받고도 충성으로 보답할 줄 모르고 거짓을 날조하며, 바른 일과 부끄러운 일조차 분별하지 못하고서 아래위를 속였으며, 송사의 처리도 법을 따르지 않아 간사한 일을 선동하는 등, 비좁은 마음과 미친 듯한 생각은 천지조차도 몰라봅니다. 그는 자신의 죄가 드러날까 의심하여 철군하는 군대가 이르자 병을 핑계

로 서쪽에서 저(沮)현으로 돌아갔으며, 군대가 저현에 이르자 다시 강양(江陽)으로 돌아가다가 참군이던 호충(狐忠)의 간언이 있고서야 멈추었습니다. 지금 나라를 찬탈한 도적을 물리치지 못하여 사직이 어려운 때에, 국사를 돌봄에 있어 화목 속에 단결해야만 적을 물리칠 수 있으며, 간신을 그냥 두고서는 대업을 이룰 수가 없습니다. 그런 즉, 행중군사거기장군도향후신 유염(劉琰), 사지절전군사대장군영양주자사남정후신 위연(魏延), 전장군도정후신 원림(袁綝), 좌장군령형주자사고양후신 오일(吳壹), 독전부우장군현향후신 고상(高翔), 독후부후장군안락정후신 오반(吳班), 영장사수군장군신 양의(楊儀), 독좌부행중감군양무장군신 등지(鄧芝), 행전감군정남장군신 유파(劉巴), 행중호군편장군신 비의(費禕), 행전호군편장군한성정후신 허윤(許允), 행좌호군독신중랑장신 정함(丁咸), 행우호군편장군신 유민(劉敏), 행호군정남장군당양정후신 강유(姜維), 행중전군토로장군신 상관옹(上官雝), 행중참군소무중랑장신 호제(胡濟), 행참군건의장군신 염안(閻晏), 행참군편장군신 찬습(爨習), 행참군비장군신 두의(杜義), 행참군무략중랑장신 두기(杜祺), 행참군수융도위신 성발(盛勃), 영종사중랑무략무략중랑장신 번기(樊岐) 등이 의론하였으니 이평을 해임하여 그의 관록과 절전과 인수와 부책을 박탈하고 작위와 봉토를 회수하소서.[1]

## 公文上尙書

平爲大臣, 受恩過量, 不思忠報, 橫造無端, 危恥不辯, 迷罔
上下, 論獄棄科, 導人爲奸, 情狹志狂, 若無天地. 自渡奸露, 嫌
心遂生, 聞軍臨至, 西向託疾還沮 · 漳, 軍臨至沮, 復還江陽, 平
參軍孤忠勸諫乃止. 今篡賊未滅, 社稷多難, 國事惟和, 可以克
捷, 不可苞含, 以危大業. 輒與行中軍師車騎將軍都鄕侯臣劉
琰 · 使持節前軍師征西大將軍領凉州刺史南鄭侯臣魏延 · 前將
軍都亭侯臣袁 · 綝左將軍領荊州刺史高陽鄕侯臣吳壹 · 督前部
右將軍玄鄕侯臣高翔 · 督後部後將軍安樂亭侯臣吳班 · 領長史
綏軍將軍臣楊儀 · 督左部行中監軍楊武將軍臣鄧芝 · 行前監軍
征南將軍臣劉巴 · 行中護軍偏將軍臣費褘 · 行前護軍偏將軍漢
成亭侯臣許允 · 行左護軍篤信中郞將臣丁咸 · 行右護軍偏將軍
臣劉敏 · 行護軍征南將軍當陽亭侯臣姜維 · 行中典軍討虜將軍
臣上官雝 · 行中參軍昭武中郞將臣胡濟 · 行參軍建義將軍臣閻

---

1) 절전(節傳)은 관리가 지니는 각종 증명서의 총칭으로서 절(節)은 사
신으로 파견할 때 황제가 내리는 증명서이고 전(傳)은 관문(關門)을
출입할 때 사용하는 증명서. 인수(印綬)는 도장과 도장 끈으로, 황제
로부터 받는 관리의 표장(標章). 부책(符策)은 관리가 신분을 증명하
기 위해 지니는 기물로서 보통 대나무로 만드나 금이나 동 그리고 옥
이나 나무로도 만드는데 반을 나누어 필요할 때 맞춰보게 만들었음.

晏·行參軍偏將軍臣爨習·行參軍裨將軍臣杜義·行參軍武略中郎將臣杜祺·行參軍綏戎都尉臣盛勃·領從事中郎武略中郎將臣樊岐等議, 輒解平任, 免官祿·節傳·印綬·符策, 削其爵土.

# 이풍에게 보내는 교령

이 글은 이평을 탄핵한 후 그 아들 이풍에게 보낸 교령이다. 이풍은 강주도독(江州都督), 중랑참군(中郎參軍), 주제태수(朱提太守) 등을 역임하였다. 제갈량은 이평을 파면시킴으로써 법의 위엄을 보이면서도 연좌제를 채택하지 아니하고 죄지은 당사자에게만 책임을 물었다. 그리하여 이풍을 여전히 승상부에서 일하게 하면서 신임하고 또 교육함으로써 부친의 일을 정확히 직시하도록 하였다. 또한 제갈량은 잘못한 이에게 개과천선의 기회를 주었으니, 이 점이 그의 법치 사상의 또 다른 특징이기도 하다. 이평은 제갈량의 병사 소식을 듣고 격분하여 죽었다고 한다.『삼국지』,「촉지」, 이엄전의 배주에 보인다.

내가 그대의 부친과 한 왕실을 부흥하고자 힘을 모은 일은 사람들만이 아니라 신명께서도 다 아시는 일이다. 나는

그대의 부친을 도호(都護)에 추천하여 한중을 관할하게 하고 그대에게 동쪽 강주를 관할하게 하면서 남들이 제기한 이론을 듣지 않았었다. 당시에는 내 지극한 마음이 시종 단결할 수 있도록 감동시키리라 여겼으니, 어찌 중도에 배신하리라고 생각했겠는가! 전에 초나라의 경(卿)이었던 자문(子文)은 누차 쫓겨났다가도 여전히 복직하였으니 정도를 구하면 복을 받는 일이 자연의 법칙이기 때문이다. 바라건대 그대는 부친을 관용하고 위로하여 전의 과오를 반성케 하여라. 지금 그대의 부친이 해임되어 과거의 권세와 가업을 잃었다고 하나, 여전히 남녀 노복과 빈객 백수십 인이 있으며 그대 또한 중랑참군의 직책으로 승상부에 있으니 비교적 권세를 가진 상류층의 집안이라 하겠다. 만약 부친 도호께서 과오를 뉘우치고 나라만을 생각하며, 또 그대가 공염(公琰)과 함께 협심하여 일한다면, 잘못은 만회되고 과거의 자리도 되돌려 받을 것이다. 그대는 이번의 교훈을 깊이 생각하고 내 마음을 이해하도록 하라. 이 글을 쓰노라니 긴 탄식과 함께 눈물만이 나는구나.


## 與李豊敎


吾與君父子戮力以獎漢室, 此神明所聞, 非但人知之也. 表都護典漢中, 委君于東關者, 不與人議也. 謂至心感動, 終始可保,何圖中乖乎! 昔楚卿屢絀, 亦乃克復, 思道則福, 應自然之數也.
願寬慰都護, 勤追前闕. 今雖解任, 形業失故, 奴婢賓客百數十
人, 君以中郎參軍居府, 方之氣類, 猶爲上家. 若都護思負一意,
君與公琰推心從事者, 否可復通, 逝可復還也. 詳思斯計, 明吾
用心, 臨書長嘆, 涕泣而已!

# 병역 교대에 대해 지시함

제갈량은 위와의 싸움이 장기전이 될 것을 예견하고 정기적으로 농사와 병역을 교대하는 경전(耕戰) 제도를 일관되이 실시하여 민심을 얻었다. 231년 제갈량이 십만 군사를 인솔하고 재차 기산에 출병하였을 때 사마의는 삼십만 대군으로 대항하였다. 당시 약세라고 판단한 부하들이 병역 교대를 한 달 간 연기하자고 건의하였으나 제갈량은 규정을 준수하여 만기가 된 병사들을 집으로 돌려보냈다. 결국 감동한 병사들의 높은 사기로 위군을 물리쳤다. 『삼국지』, 「촉지」, 제갈량전의 주에 인용된 「촉기(蜀記)」에 보인다.

나는 군사를 이끌고 전쟁에 임함에 있어 신용을 근본으로 삼았노라. 진 문공이 원(原) 지방을 얻기보다는 신용을 잃지 않고자 하였듯이, 옛사람들은 신용을 아끼었노라. 돌아갈 병

사들은 짐을 싸고 때를 기다리며 고향의 처자는 목을 학처럼 빼고 날짜를 세고 있을 터이니, 비록 싸움에 어려움이 있다 하여도 신의를 따라 교대 기일을 변경할 수 없도다.

## 諭參左停更

吾統武行師, 以大信爲本, 得原失信, 古人所惜; 去者束裝以 待期, 妻子鶴望而計日, 雖臨征難, 義所不廢.

# 손권에게 드리는 글

234년 2월, 제갈량은 마지막 북벌을 명령하여 친히 십만 군사를 이끌고 사곡(斜谷)을 나와 무공(武功)을 근거지로 삼아 오장원(五丈原)에 주둔하여 위수(渭水)가에서 위군과 대치하였다. 그는 승리에 대한 자신과 희망을 지닌 채 손권에게 편지를 보내 연맹국으로서 출병하여 함께 중원의 평정에 나설 것을 요청하였다. 이 전쟁에서 다소의 승리는 얻었으나 제갈량의 병사로 통일의 꿈은 깨어지고 말았다. 「예문유취(藝文類聚)」에 보인다.

한나라 왕실에 불행이 닥쳐 조정의 기강이 무너지고 조씨 도적이 찬탈하여 지금에까지 그 화가 이어지고 있습니다. 우리 양국은 그들을 무력으로 멸망시키고자 하였으나 아직 동맹의 목표를 달성하지 못하였습니다. 저 제갈량은 소열황제께서 부탁하신 중임을 받들어 온 힘을 다하여 충성하지 않을

수가 없었습니다. 지금 대군을 기산(祁山)에 결집시켜 미친 도적들을 위수(渭水)에서 막 멸망시키려 하오니 귀하께서 동맹의 뜻에 따라 장수들에게 북벌을 명하시어 함께 중원을 평정하고 한나라 왕실을 부흥시킬 수 있게 하옵소서. 편지로는 다 말씀 올리기 어려우니 부디 잘 살피시기를 바라옵니다.


### 與孫權書


漢室不幸, 王綱失紀, 曹賊簒逆, 蔓延及今, 皆思勦滅, 未遂同盟. 亮受昭烈皇帝寄托之重, 敢不竭力盡忠. 今大兵已會于祁山, 狂寇將亡于渭水, 伏望執事以同盟之義, 命將北征, 共靖中原, 同匡漢室. 書不盡言, 萬希昭鑒.

# 강유에게 답함

촉과 오의 동맹군이 위를 공격하자 사마의는 수비에만 힘쓰고 전투에 응하지 않았다. 제갈량은 누차 파병하여 도전하면서 사마의를 모욕하자 위의 장수들은 분분히 출전을 청하였다. 이에 사마의는 군심을 진작시키고자 거짓으로 조예에게 상서를 올려 출전을 청하는 체하였다. 위의 조예도 사마의의 뜻을 이해하고는 수비만 하도록 명하였다. 이 글은 이때 제갈량이 강유의 글에 답한 글이다. 『삼국지』, 「촉지」, 제갈량전의 주에 인용된 『한진춘추』에 보인다.

저들은 본디 싸울 마음이 없으니 조정에 싸움의 허락을 요청한 일은 단지 군사들에게 싸울 뜻을 보이기 위해서일 뿐이다. "전쟁터의 장군은 때로 군주의 명령을 받지 않을 수도 있다"고 하였으니, 저들이 만약 우리를 이길 수 있다면 어찌

천릿길이나 되는 조정에 출전의 허락을 요청하겠는가?


## 答姜維


彼本無戰情, 所以固請戰者, 以示武于其衆耳. "將在軍, 君命有所不受," 苟能制吾, 豈千里而請戰邪?

# 후주에게 올리는 글

　제갈량은 병이 심해지자 묘지의 선택과 장례 등의 사후 일을 일일이 지시하며 검소하게 치르도록 분부하였다. 이 글은 자기의 경제 형편을 설명하고 치부에 뜻이 없음을 후주인 유선에게 알린 글이다. 『삼국지』, 「촉지」, 제갈량전에 보인다.

　제가 전에 선제를 모실 때 생활 비용을 국가에 의존했었으므로 제 나름의 다른 조치는 없었습니다. 지금 저에게는 성도에 뽕나무 팔백 그루가 있고 척박한 땅이나마 열다섯 경이 있으니 자식의 의식을 해결하기에는 넉넉합니다. 저의 임지가 외지인 터라 따로 수입이나 지출 없이 의식 문제를 모두 국가에 의존하면서 별달리 재산을 증식하지 않았사오니, 제가 죽는 날 안팎으로 여분의 비단이나 재물을 지니지 않게 함으로써 폐하의 뜻을 저버리지 않도록 해주옵소서.

# 自表後主

臣初奉先帝, 資仰于官, 不自治生. 今成都有桑八百株, 薄田十五頃, 子弟衣食, 自有餘饒. 至于新在外任, 無別調度, 隨身衣食, 悉仰于官, 不別治生, 以長尺寸. 若臣死之日, 不使內有餘帛, 外有贏財, 以負陛下.

# 아들을 훈계하는 글

제갈량은 일생 동안 부지런히 배우며 자신을 엄하게 다스렸으니, 학문하는 자세와 사람 도리에 대해 남에게도 엄하게 요구하였다. 이 글은 자신의 경험을 바탕으로 자식을 훈계하는 편지이다. 『태평어람』 459권에 보인다.

무릇 군자는 고요함으로 수신(修身)하고 검박함으로 덕을 함양하니, 담박(澹泊)하지 못하면 원대한 뜻을 세울 수 없고 고요하고 안정되지 못하면 이상을 실현할 수 없다. 무릇 배움은 고요해야 하며 재능은 배움에서 얻어진다. 배움 없이는 재능을 넓힐 수 없으며 지향하는 바가 없이는 배움을 이룰 수 없다. 방종하고 태만하면 정신을 바로잡을 수 없으며, 험하고 조급하면 성정(性情)을 다스릴 수 없다. 그러다가는 시간이 지남에 따라 나이만 빨리 늘어가고 의지는 날로 약화

되어, 끝내는 늙고 쇠하여 이룬 바 없이 사회에서 버려질 것
이니, 그때에 슬피 궁벽한 집안을 지키며 후회한들 어찌하겠
는가!


## 誡子書


夫君子之行, 靜以修身, 儉以養德, 非澹泊無以明志, 非寧靜
無以致遠. 夫學須靜也, 才須學也, 非學無以廣才, 非志無以成
學. 淫慢則不能勵精, 險躁則不能治性. 年與時馳, 意與日去, 遂
成枯落, 多不接世, 悲守窮廬, 將復何及!

# 아들을 재차 훈계하는 글

제갈량은 바쁜 중에서도 아들 교육에 있어 면밀하였다. 학문과 입신은 물론, 대인 관계나 음주의 문제 등에 대하여도 상세히 일러주며 자식을 올바르게 성장시키는 데 주력하였다. 『태평어람』 497권에 보인다.

무릇 술자리란 예절에 맞춰 정분을 표하는 자리이니, 신체나 성격에 맞춰 예를 다하면 물러나야 한다. 이것이 어울림의 최고 경지이다. 주인의 정이 다하지 않았고 손님도 여력이 있을 때는 취하게 마실 수 있으나, 미혹되어 어지러이 굴도록 마셔서는 아니 된다.

# 又誡子書

夫酒之役，合禮致情，適體歸性，禮終而退，此和之至也．主意未殫，賓有餘倦，可以至醉，無致迷亂．

# 외조카를 훈계하는 글

제갈량은 아들이나 조카들에게 수시로 가르침을 내렸는데, 그 가르침의 범위는 비록 넓었지만 대체로 뜻을 세워 수신하고 학문하여 훌륭한 재목이 될 것에 집중되어 있다. 이 글은 원대한 뜻을 강조하고 있다. 『태평어람』 459권에 보인다.

무릇 지향하는 바는 원대해야 하니 선현들을 경모하고 정욕을 끊어버려 장애가 되는 것을 제거함으로써 현능한 이들의 지향을 스스로 보존하여 마음속으로부터 작용하게 해야 할 것이다. 펼 때와 굽힐 때를 알고, 사소한 문제에 매달리지 말며, 널리 자문을 구하고, 불만스레 남을 탓하는 마음을 떨쳐버려야 할 것이다. 그리한다면, 비록 한때 여의롭지 못할지라도 어찌 훌륭한 품격을 잃거나 성공하지 못함을 걱정하게 되겠는가? 만약 뜻을 세움이 굳지 못하고 생각이 트이지

못하여 세속의 일에 급급해하면서 속으로 욕심에 사로잡힌
다면, 영원히 범인의 울타리를 벗어나지 못하고 하찮은 인물
이 됨을 면하지 못할 것이다.

## 誡外生書

夫志當存高遠, 慕先賢, 絶情欲, 棄凝滯, 使庶幾之志, 揭然
有所存, 惻然有所感; 忍屈伸, 去細碎, 廣咨問, 除嫌吝, 雖有淹
留, 何損于美趣, 何患于不濟. 若志不强毅, 意不慷慨, 徒碌碌滯
于俗, 默默束于情, 永竄伏于凡庸, 不免于下流矣!

# 적의 기병에 대비한 교령

제갈량은 풍부한 전투 경험을 바탕으로 때와 지리를 잘 활용하면서 적에게 변화 있게 대응하였다. 이 글은 적의 기병이 협공할 때에 대비한 전술을 지시한 것이다. 『북당서초(北堂書)』117권에 보인다.

만약 적의 기병이 좌우에서 협공하는데 이에 상대하여 보병으로 싸울 때는, 높은 언덕에 올라 싸우기 어렵거든 마땅히 전차를 진 앞에 배치하고 대적하라. 땅이 좁은 곳에서는 톱날 같은 형태로 배치하여 대적하라.

賊騎來敎

若賊騎左右來至, 徒從行以戰者, 陟嶺不便, 宜以車蒙陳而待之. 地狹者, 宜以鋸齒而待之.

# 군 령

제갈량은 엄한 군기로써 전투력을 강화하였으니, 역사서에서도 촉군은 "상과 벌이 확실하고 명령이 분명하였다"고 기록하고 있다. 이 군령에는 미신적인 사항이 있기는 하나 제갈량의 병법을 이해하고 연구하는 데 도움이 된다. 진(晉) 진수(陳壽)가 편집한 『제갈량집』의 목록에는 상, 중, 하 세 편으로 기록되어 있으나 원본은 이미 소실됐다. 다음의 것들은 청 장주(張澍)가 각종 서책에서 찾아낸 것들이다.

## 1

적군이 이르러 장애물인 녹각(鹿角)을 제거하려 하면 부대는 모두 연결된 공격용 전차 뒤로 물러나라. 적이 이미 녹각을 건드리면 녹각 안에 있던 군사들은 다만 앉아서 전진하며 창으로 찌를 뿐 일어서지 말아라. 일어서면 후방의 화살에 장애가 된다. (『태평어람(太平御覽)』 317권)

敵以來進待鹿角, 兵悉卻在連沖後. 敵已附, 鹿角里兵但得進踞, 以矛戟刺之, 不得起住, 起住妨弩.


## 2

전투할 때에는 배 안의 돛과 옷을 물에 적셔 쌓아두라. 적이 횃불과 불화살로 공격하거든 그것으로 불을 꺼라. 명을 어기는 자는 머리털을 깍고 귀를 자르리라.[1] (『북당서초(北堂書鈔)』132권)


戰時, 皆取船上布幔・布衣漬水中, 積聚之. 賊有火炬・火箭, 以掩滅之. 違命者髡翦耳.


## 3

각 부대가 늘어서서 병영에 주둔할 때에, 보병과 기병의 하급 장교 이하는 모두 투구를 쓰라. 본부 주위의 군사와 우측 진의 부대는 방패를 사용하라.[2] (『태평어람』356, 357권)

---

1) 곤(髡)은 머리털을 자르는 형벌, 전(翦)은 전(剪)과 통하며 전이(翦耳)는 귀를 자르는 형벌.

2) 두무(兜鍪)는 일종의 전투용 투구, 팽배(彭排)는 방배(旁排)라고도

軍列營, 步騎士以下皆著兜鍪. 帳下及右陣各持彭排.


## 4

부대가 행군할 때, 한 사람당 마른 밥 한 말만을 지니며
솥이나 장막은 휴대하지 못한다. 남은 큰 수레에 장막 등의
물건을 실어 운반하라. 햇빛에 무기를 번쩍이며 나아가 다른
부대와 만나라. (『북당서초』132권)


軍行, 人將一斗乾飯, 不得持鳥育及幔, 餘大車乘帳幔. 什光
耀日, 往就與會矣.


## 5

연형(連衡)의 진은 엷은 듯하나 견고하여 예리하다. 전령
(傳令)의 기병은 본진을 떠나지 말며 측면을 호위하는 기병
은 본진과 먼 거리를 유지하라. (『북당서초』117권)


連衡之陳, 似狹而厚, 爲利陳. 令騎不得與相離, 護側騎與相遠.

---

하며 일종의 방패.

### 6

다섯 차례의 북소리가 들리면 황색과 백색의 기를 반폭씩 합한 기를 들고 세 면의 진을 쳐라. (『북당서초』 117권)

聞五鼓音, 擧黃帛兩半幅合旗, 爲三面陳.


### 7

북 치는 소리가 들리거든 백색 깃발과 붉은색 깃발을 들고서 크고 작은 배들에게 나아가 싸우게 할지니, 전진하지 아니하는 자는 참수하리라. 징소리가 들리거든 청색 깃발을 들고 배를 돌려오라. 적선이 가까이 있으면 서서히 돌아오고 적선이 멀어지면 속력을 내어 돌아오라. (『북당서초』 120권)

聞雷鼓音, 擧白幢絳旗, 大小船進戰, 不進者斬. 聞金音, 擧靑旗, 船還. 若賊近, 徐還; 遠者, 疾還.


### 8

작전시에 진지 안의 부대는 떠들지 말고 북소리를 잘 듣고 깃발을 자세히 살피라. 깃발을 앞으로 기울이면 전진하

고, 뒤로 기울이면 후퇴하며, 왼쪽으로 지시하면 왼쪽으로
나아가고, 오른쪽으로 지시하면 오른쪽으로 나아갈지니, 명
령 없이 마음대로 전후좌우로 움직이는 자는 참수하리라.
(『태평어람』341권)

凡戰臨陳, 皆無諠譁, 明聽鼓音, 謹視幡麾. 麾前則前, 麾後
則後, 麾左則左, 麾右則右, 不聞令而擅前後左右者斬.


9

양측에서 전진하여 공격할 때는 깃발이 가리키는 곳을 보
고, 세 차례의 징소리가 들리면 정지하고, 두 차례의 징소리
가 들리면 돌아오라. (『태평어람』341권)

兩頭進戰, 視麾所指, 聞三金音, 止; 二金音, 還.


10

부대가 군영을 벗어났을 때는 창을 바로 세우고 깃발을
펼치고서 북을 두드리며 호각을 불어라. 삼 리를 가서는 창
을 비껴 들고 깃발을 말아 들고서 북 치고 호각 불기를 멈추
어라. 돌아올 때에는 반대로 군영에서 삼 리 밖에 있을 때는

다시 창을 세워 들고 깃발을 펼치고서 북을 두드리고 호각을
불어라. 군영에 이르러서는 다시 깃발을 접고 북소리와 호각
소리를 멈추어라. 어기는 자는 머리털을 자르리라. (『태평어
람』 339권)

始出營, 竪矛戟, 舒幡旗, 鳴鼓角. 行三里, 辟矛戟, 結幡旗,
止鼓角. 未至營三里, 復竪矛戟, 舒幡旗, 鳴鼓角. 至營, 復結幡
旗, 止鼓角. 違令者髡.

## 11

　징과 북과 깃발과 전망용 수레와 전차는 입추(立秋)의 날
에 제사를 지내라. 하루 전에 부대장은 제사를 요청하고 제
관은 제사를 받들어라. 만약 출정하여 포로와 노획물이 있거
든 돌아올 때 제사를 올려라. 적과 싸울 때의 제사에는 희생
물의 피를 종과 북에 바르라. 입추 때와 노획물이 있을 때의
제사에는 피를 종과 북에 바르지 말고 다만 제사만 올려라.
축문은 다음과 같다. "아무개 부대장이 아무개 제사장으로
하여금 감히 전망용 수레와 전차와 종과 북과 깃발에게 고하
나이다. 무릇 싸움에 소요되는 기물들은 의롭지 못한 이들을
바로잡아 백성에게서 해를 제거하는 데 사용되는 것이옵니
다. 삼가 입추의 날에 깨끗한 희생물과 곡식 그리고 좋은 술

을 공경스레 바치나이다."(『태평어람』526권)


金鼓幢麾隆沖皆以立秋日祠. 先時一日, 主者請祠, 其主者奉
祠. 若出征有所剋獲, 還亦祠. 向敵祠, 血于鍾鼓. 秋祠及有所剋
獲, 但祠, 不血鍾鼓. 祝文: 某官使主者某, 敢告隆沖鍾鼓幢麾.
夫軍武之器者, 所以正不義, 爲民除害也. 謹以立秋之日, 潔
生 · 黍稷 · 旨酒而敬薦之.


## 12

통상적으로 기축일(己丑日)에 소와 말의 조상에게 제사를
지내니, 축문은 다음과 같다. "모 월 기축일에 아무개 제사
장이 감히 소와 말의 조상에게 고하나이다. 말은 행군시에
선도 역할을 하고, 소는 전쟁과 농사에 소용됩니다. 삼가 깨
끗한 희생물과 곡식 그리고 좋은 술을 공경스레 바치나이
다."(『태평어람』5267권)


常以己丑日祠牛馬先. 祝文曰: 某月己丑, 某甲敢告牛馬先.
馬者, 用兵之道; 牛者, 軍衣之用. 謹潔生 · 黍稷 · 旨酒, 敬而
薦之.

13

　행군시에 강을 건너게 되면 부대장은 흰 옥을 강에 던져 넣고, 강의 신에게 고하라. 축문은 다음과 같다. "아무개 부대장이 아무개 제사장을 시켜 감히 강의 신에 고하오니, 도적 아무개가 난을 일으켜 천자께서 아무개를 시켜 군사를 이끌고 강을 건너 토벌하라 하셨으므로 옥을 바치오니 신령님께서 살펴주옵소서." (『태평어람』526권)

　軍行濟河, 主者常先沉白璧, 文曰: 某主使者某甲敢告于河, 賊臣某甲作亂, 天子使某率衆濟河, 征討醜類, 故以璧沉, 惟爾有神裁之.

# 병사상의 요점

이 글은 제갈량이 종군하면서 내세운 "법에 따라 군을 다스린다"는 강령을 지키기 위한 요령이다. 역시 제갈량의 용병 사상 연구를 위한 좋은 자료이다. 이 열 가지 사항은 군대의 기율, 좋은 장군의 덕목, 현인의 등용, 군대 통솔의 방법, 기회의 포착, 왜곡된 기풍의 쇄신, 붕당의 방지, 전술의 교련, 주둔과 이동, 군의 규칙 등에 관한 것들로서, 모두가 창군 과정의 경험에서 나온 것이다. 진수(陳壽)가 『제갈량집』을 바치며 올린 「진제갈량집표(進諸葛亮集表)」의 글에는 「병요(兵要)」 한 편이라 기록되어 있으며, 지금 전해지는 「병요」 열 조목은 청 장주가 『태평어람』 등의 서책에서 모은 것으로, 씌어진 시기는 분명하지 않다.

## 1

군기가 선 군대는 장군이 무능하여도 패하지는 않는다. 군기가 서지 않은 군대는 유능한 장군이 있어도 승리할 수

없다. (주용〔朱墉〕의 『중간무경칠서회해〔重刊武經七書匯解〕』4권
의 「당이문대〔唐李問對〕」에 보인다.)


　有制之兵, 無能之將, 不可以敗; 無制之兵, 有能之將, 不可
以勝.


## 2

　사람에게 있어 충성심이란 고기에게 있어서의 연못과 같
으니, 고기가 물을 떠나면 죽듯이 사람으로서 충성심을 잃으
면 흉악해진다. 그러므로 훌륭한 장수는 충성심을 간직하여
뜻한 바를 달성하고 명성을 날린다. (『태평어람』273권)


　人之忠也, 猶魚之有淵, 魚失水則死, 人失忠則凶, 故良將守
之, 志立而名揚.


## 3

　훌륭한 장수는 군무를 처리함에 있어 남으로 하여금 적임
자를 선택하게 하지 자신이 선택하지 않으며, 법에 따라 공
로를 헤아리지 자신이 판단하지 않는다. 그러므로 능력 있는
자는 드러나게 되고, 무능한 자는 위장할 수 없으며, 헛된 이

름뿐인 자는 등용되지 않는다. (『태평어람』273권)

良將之爲政也, 使人擇之, 不自擧; 使法量功, 不自度. 故能者不可敝, 不能者不可飾, 妄譽者不能進也.

## 4

신분이 높되 교만하지 않고, 요직에 임명되어도 혼자서 멋대로 행하지 않으며, 도움을 받되 의뢰심이 없이 능력을 발휘하고, 위험에 처하여서도 두려움이 없는, 그런 훌륭한 장수는 그 행동이 마치 때묻지 않은 옥과 같다. (『태평어람』 273권)

貴之而不驕, 委之而不專, 扶之以不隱, 危之而不懼, 故良將之動也, 猶璧之不汚.

## 5

커다란 옥을 아끼기보다는 시간을 아끼는 까닭은, 적당한 때란 잡기는 어렵고 잃기는 쉽기 때문이다. 그러므로 훌륭한 장수는 때가 되면, 띠도 풀지 않고 발이 땅에 닿을 틈이 없도록 달리며, 신이 벗겨져도 다시 신지 않는다. (『태평어람』273권)

不愛尺璧而愛寸陰者, 時難遭而易失也. 故良將之趣時也, 衣
不解帶, 足不躡地, 履遺不躡.


6

　언행이 일치하지 않고 개인적인 일로 공무를 왜곡하며,
밖에선 모함하는 일에 관여하고 안에서는 남을 비방하는 자,
이런 자를 물리치지 않음을 일러 망치고 어지럽힌다고 한다.
(『북당서초』113권)


　言行不同, 竪私枉公, 外相連誣, 內相謗訕, 有此不去, 是謂
敗亂.


7

　부하이면서 기세 등등하여 상관과 같은 위세를 부리면서
붕당이나 결성하여 음험한 자를 불러들이는 자, 이런 자를 제
거하지 않음을 일러 망할 징조라고 부른다. (『북당서초』113권)


　枝葉强大, 比居同勢, 各結崩黨, 競進憸人, 有此不去, 是謂
敗征.

8

부대가 적군에게 가까워지면 정찰병은 날이 밝는 대로 먼저 출발하여 십리 앞을 정찰하고, 본진이 좌우로 나뉘어 출발하면 정찰병은 여전히 본진과 십리의 거리를 유지하라. 몇 리 앞에는 다섯 사람을 한 조로 하는 정찰병을 보내되 각기 흰 기를 들고서 높은 곳에 올라가 전방의 은폐된 곳을 잘 살피라. 본진이 도착하면 다시 높은 곳을 찾아 전진하라. 첫번째 조가 적군을 발견하면 뒤의 두번째 조에게 적정을 알리고, 두번째 조는 부대장에게 가 보고하라. 무릇 발견한 적군이 백 명 이내인 경우에는 깃발만 들어 알리고, 백 명 이상이면 깃발을 들고 큰 소리로 외쳐라. 그러면 부대장은 빠른 말을 보내어 살피게 하라. (『태평어람』 331권)


軍已近敵, 羅落常平明以先發, 絶軍前十里內, 各案左右下道, 亦十里之內. 數里之外, 五人爲部, 人持一白幡, 登高外向, 明看隱廢之處. 軍至, 轉尋高而前. 第一見賊, 轉語後第二, 第二詣主者, 百之. 凡候見賊百人以下, 但擧幡指; 百人以上, 便擧幡大呼. 主者遣疾馬往視察之.

9

　무릇 부대가 새로운 진지로 이동할 때는 먼저 심복 부하와 향도를 시켜 전방 상황을 잘 파악하게 하고, 다시 정찰 담당 하급 군관을 먼저 출발시켜 새 진지를 설치할 장소를 확정하라. 그런 후에 부대별로 구획을 나누어 사방에 표지판을 세우고 보초를 배치하고 그곳으로 이동하라. 이동할 때에는 또 먼저 정찰 기병을 본진에 앞서 출발시키되 다섯 가지 색의 기를 가지고 가 도랑이나 움푹한 곳을 만나면 노란색 기, 길 입구를 만나면 흰색 기, 강이나 산 골짜기를 만나면 검은 기, 숲이나 연못을 만나면 푸른 기, 불이 난 곳을 만나면 붉은 기를 들게 하라. 그리고 본진은 다섯 종류의 북소리로 잘 보았음을 알리되 여러 차례 반복하라. 기와 북으로 호응하게 하는 것은 보고 들은 것을 확인하기 위한 것이다. 만약 강을 건너고 산을 넘거나 울창한 숲을 지날 때는 반드시 날쌔고 용맹스러운 보병과 기병으로 하여금 부근 몇 리 안을 소리 없이 그리고 흔적을 남기지 않으면서 수색하게 하라. 높은 산이나 나무 위에서 멀리 내다보게 하며, 정예 병사로 하여금 사방의 요처를 방비하게 하라. 그런 연후에 전위와 후위로 나누어 서로 엄호하고 길을 열게 하되, 기물과 양식 및 노인과 어린이를 앞세우고, 다음으로 보병, 그 뒤에 기병이 뒤따르게 하라. 가지런히 질서를 유지하여 적의 내습에 방비하

며, 사람이나 말이 소리내지 않게 하고, 대오를 벗어나지 않
게 하라. 험한 곳이나 좁은 길에서는 고기 비늘처럼 일사불
란하게 전진하며, 우회하거나 돌아서 가야 할 때는 반드시
전후와 좌우를 돌려가며 교대시켜라. 전진할 때는 고기떼처
럼 대오를 유지하고 정지할 때는 기러기떼처럼 가지런히 행
동하게 하라. 전방의 새 진지에 도착하면 기병과 정예 병사
를 사방으로 나누어 세우고 나머지 부대원으로 하여금 정해
진 장소에 진지를 구축하게 하라. 한 사람당 한걸음의 거리
를 두어 사람 수에 따라 부대별 구역을 확정하라. 각 부대의
진영마다 방향 표시는 십이지(十二支)를 이용하여 큰 기를
세워 표시하되, 기의 높이는 이 장(二丈) 팔 척(八尺)으로 하
고 동서남북을 정확히 분별하여 기울어지지 않게 하라. 또
주작의 기는 전진영의 남쪽에, 백호의 기는 서쪽에, 현무의
기는 북쪽에, 청룡의 기는 동쪽에 세우고, 초요의 기는 진영
중앙에 세우라.[1] 땔감을 채취하거나 말에게 물을 먹일 때도
표지 밖으로 벗어나서는 아니 된다. (『태평어람』 331권)

---

1) 고대 천문학에서 하늘의 항성(恒星)을 28숙(宿)으로 나누어, 동쪽의
   일곱을 총칭하여 창룡(蒼龍)이라 부르고, 서쪽의 일곱을 백호(白虎)
   라고 부르며, 남방의 일곱을 주작(朱雀)이라 부르고, 북쪽의 일곱을
   현무(玄武)라고 부른다. 기(旆)는 기(旗)와 통하며, 주작기는 남방 칠
   숙(七宿)의 도안이 그려진 깃발이다. 초요(招搖)는 북두칠성의 일곱
   번째 별의 이름이다. 본문의 청룡(青龍)은 창룡(蒼龍)과 같다.

凡軍行營壘, 先使腹心及向導前覘審知, 各令候吏先行, 定得營地, 擘五軍分數, 立四表候視, 然後移營. 又先使候騎前行, 持五色旃, 見溝坑揭黃, 衢路揭白, 水澗揭黑, 林藪揭青, 野火揭赤, 以鼓五數應之, 仍須數相接. 立旗鼓, 令相聞見. 若渡水逾山, 深邃林藪, 精驍勇騎搜索數里無聲, 四周絶迹. 高山樹頂, 令人遠視, 精兵四向要處防禦. 然後分兵前後, 以爲鎮拓, 乃令輜重老小, 次步後馬, 切在整肅, 防敵至, 人馬無聲, 不失行列. 險地狹徑, 亦以部曲鱗次, 或須環回旋轉, 以後爲前, 以左爲右, 行則魚貫, 立則雁行. 到前止處, 游騎精銳, 四向散列而立; 各依本方下營, 一人一步, 隨師多少. 咸表十二辰, 竪大旌, 長二丈八尺, 審子午卯酉地, 勿令邪僻. 以朱雀旃竪午地, 白虎旃竪酉地, 玄武旃竪子地, 青龍旃竪卯地, 招搖旃竪中央. 其樵采牧飲不得出表外也.


10

감독을 책임지는 독장(督將) 이하의 군관은 각기 자기의 지휘기를 가지는데, 부대가 출발할 때 지휘기를 하늘 높이 든 자가 승리한다. (『북당서초』 120권)


督將以下, 各自有幡, 軍發時, 幡指天者勝.

# 교우에 대해 논함

제갈량은 청년 시기로부터 재상을 지내기까지 많은 벗을 사귀었다. 최주평이나 동화 같은 이는 제갈량이 훌륭한 인물로 성장하는 데에 커다란 도움을 준 이들로서 만년에 이르러서도 늘 깊은 정을 유지한 친구들이다. 한편 이엄(李嚴)이나 마속(馬謖) 같은 이들은 그의 대업 달성에 많은 좌절을 가져다주고 또 마음의 상처를 남긴 인물들이다. 제갈량은 굳은 바위와 같은 교우를 추구하여 세속의 이익에 휩쓸리는 관계를 증오하였다. 이 글은 그의 경험에서 나온 절절한 이야기로 좌우명으로서 손색이 없다. 『태평어람』 406권에 보인다.

세속의 이익에 휩쓸리는 교우는 오래가지 못한다. 선비의 진정한 교우 관계는 따뜻하다고 해서 더 화려한 꽃을 피어내지도 않고 춥다고 해서 잎을 갈지도 않는다. 사시사철을 지

내는 동안에도 쇠락하지 않으며 어려움을 겪어가면서 더욱
단단해진다.

## 論 交

　勢利之交, 難以經遠. 士之相知, 溫不增華, 寒不改葉, 能四
時而不衰, 歷夷險而益固.

# 광무제에 대해 논함

이 글은 광무제(光武帝) 유수(劉秀)에 관한 조식(曹植)의 견해를 반박한 것이다. 조식은 「한이조우열론(漢二祖優劣論)」에서, 광무제 유수는 천재였고 신하들은 모두 범재들이어서 광무제가 명령을 내리면 신하들은 그대로 따르기만 했다고 평하였다. 그러나 제갈량은 광무제가 걸출한 임금인 점은 인정하면서도 그의 성공은 '충성되고 바르며 지혜롭고 용감한' 군신(群臣)들과 함께 일치된 의견으로 노력한 결과임을 강조하였다. 이를 통해 광무제의 통찰력은 물론 임금을 모시는 신하로서의 길을 제시하고, 동시에 신하들의 위상을 높였다. 고조와 광무제 당사자, 그리고 신하의 역할과 공을 보다 깊이 있게 비교·분석하고 평가하였다. 『금루자(金樓子)』 4권 「입언편(立言篇)」에 보인다.

조식이 광무제를 평하여, 그의 장수들은 고조 유방의 장

수인 한신(韓信)과 주발(周勃)에 미치지 못하였고, 문신(文臣)들은 유방의 신하 장량(張良)과 진평(陳平)에 필적하지 못한다고 하였다. 그리고 당시 사람들도 역시 그렇게 여겼다. 그러나 나는 이러한 평은 광무제의 덕을 미화하기 위하여 당시의 걸출한 인재들을 평가절하한 것이라고 생각한다. 왜인가? 광무제의 스물여덟 명의 장군과 또 아래로 마원(馬援)과 같은 이를 보건대, 충성되고 바르며 슬기롭고 용감한 인재들이 모두 갖춰져 있었으니, 바르게 평가한다면 고조 때에 비하여 손색이 없었다. 장량과 진평이 전에 특별히 재능을 드러낼 수 있었던 것은 고조의 일처리가 매우 거칠고 소략하였기 때문으로, 바로 이로 인해 장량과 진평이 충성심을 충분히 발휘하고 팽월(彭越)과 주발(周勃)이 변방에서 적을 제압할 수 있었던 것이다. "굴뚝을 굽게 만들고 장작은 멀리 옮겨놓으라고 하여 화재를 예방시킨 이의 공은 무시하고, 단지 머리카락 그슬리고 얼굴에 상처입으며 불이 난 다음에 비로소 애쓴 이를 귀빈으로 모신다"는 말이 있다.[1] 이 말은 비

---

1) 굴뚝은 굽게 하고 땔것은 옮겨놓는다는 뜻인 곡돌사신(曲突徙薪). 『한서, 곽광전(霍光傳)』에 보인다. 이야기 줄거리는 대략 다음과 같다. 곧은 굴뚝에서 불꽃이 튀고 땔나무가 옆에 쌓여 있는 것을 본 한 손님이 주인에게 굴뚝을 굽히고 땔나무를 옮겨놓으라고 권하였으나 주인은 듣지 않았다. 결국 불이 났는데 불을 끄고 난 다음 주인은 머리를 그슬리고 얼굴에 상처입으며 불을 끄기에 분주하였던 이들을 귀한 손님으로 모시고 사전에 예방시킨 손님은 홀대하였다.

록 별것 아닌 것 같지만 바로 두 임금 때의 경우와 흡사하다. 광무제의 신통한 계략은 천부적인 것이어서 군영의 일이나 기타 책략에 있어 다른 생각이 필요치 않았다. 따라서 뭇 신하들은 단지 그와 생각을 일치시켜 함께 왕업을 달성한 것뿐이었다. 광무제는, "공자에게 안회(顔回)가 있었기에 문도들이 더욱 공자를 가까이할 수 있었다"는 말로 비유하여 등우(鄧禹)를 칭찬하였으며, 오한(吳漢)을 찬탄하여, "오장군은 내 마음을 이해하였으니 그 무력은 남들이 미칠 수 있어도 그 충성심은 아무도 그에 미치지 못한다"고 하였다. 그는 또 여러 신하와 일을 상의할 때면 늘 마원에게 맨 끝에 발언하도록 하였으니 마원의 생각이 자신의 생각과 같았기 때문이었다. 이는 모두 신하를 이해하는 총명한 임금의 통찰력이다. 광무제의 장군들은 한신이나 주발에 비해 손색이 없었으며, 문신들도 장량이나 진평에 비해 못하지 않았으니, 광무제의 깊고 원대한 생각의 근원은 일찍이 사전에 방비하는 지혜인 것이다. 고조는 거칠었으므로 진평과 장량과 한신 및 주발이 불난 후에 그슬리고 상처입는 사후 처리의 공을 세울 수 있었던 것이다.


論光武


曹子建論光武, 將則難比于韓·周, 謀臣則不敵良·平, 時人

談者, 亦以爲然. 吾以此言誠欲美大光武之德, 而有誣一代之俊
異. 何哉? 追觀光武二十八將, 下及馬援之徒, 忠貞智勇, 無所
不有, 篤而論之, 非減曩時. 所以張‧陳顯于前者, 乃自高帝動
多闊疏, 故良‧平得廣于忠信, 彭‧勃得橫行于外. 語有"曲突徙
薪于彼人, 焦頭爛額爲上客," 此言雖小, 有似二祖之時也. 光武
神略計轎, 生于天心, 故帷幄無他所思, 六奇無他所出, 于是以
謀合議同, 共成王業而已. 光武稱鄧禹曰: "孔子有回, 而門人益
親." 嘆吳漢曰: "將軍差强吾意, 其武力可及, 而忠不可及." 與
請臣計事, 常令馬援後言, 以爲援策每與諧合. 此皆明君知臣之
審也. 光武上將非減于韓‧周, 謀臣非劣于良‧平, 原其光武策
慮深遠, 有杜漸曲突之明, 高帝能疏, 故陳 張‧韓‧周有焦爛之
功耳.

# 여러 인물들에 대해 논함

이 글은 고대의 저명한 인물을 평한 것이다. 간결하고 핵심적인 말로 그들에 대한 장점과 단점을 지적함으로써 편면적인 평가를 피하였으며 신중한 태도를 견지하였다. 본문은 이미 전하지 않고 다만 당(唐) 조유(趙蕤)의 『장단경(長短經)』 1권 「임장(任長)」의 자주(自注)에 일부분이 보인다.

노자[1]는 양생(養生)에는 뛰어났으나 위급하고 어려운 경우에 대처하지 못하였다. 상앙[2]은 치국(治國)에는 뛰어났으나 대중을 교화할 수는 없었다. 소진과 장의[3]는 유세의 말주

---

1) 노자(老子): 성은 이(李) 이름은 이(耳), 자는 백양(伯陽)이며 노담(老聃)이라고도 부른다. 도가(道家) 학파의 시조이다.

2) 상앙(商鞅): ?~B.C. 338 성은 공손(公孫), 이름은 앙(鞅). 진(秦)나라에서 변법을 시행하여 부국을 이룬 공으로 상(商) 지방에 봉토를 받았다. 후에 모함을 받아 극형을 당했다.

156

변은 뛰어났으나 그들의 약속을 믿고 맹약(盟約)을 맺게 할 수는 없었다. 백기[4]는 전투에는 뛰어났으나 대중을 모을 수 없었다. 오자서[5]는 적을 공략하는 데에는 뛰어났으나 자신을 보전하지는 못하였다. 미생[6]은 약속은 잘 지켰으나 변화에 적응하지 못하였다. 왕가[7]는 훌륭한 임금은 잘 받들 줄 알았으나 어리석은 임금을 모실 줄은 몰랐다. 허자장[8]은 우열을 분별할 줄은 알았으나 인재를 배양하지는 못했다. 여기에 각 장점을 활용하는 방법이 있다.

---

3) 소진(蘇秦)과 장의(張儀): 전국 시대의 종횡가(縱橫家)의 대표적인 인물.

4) 백기(白起): ?~B.C. 257 공손기(公孫起)라고도 불린다. 전국 시대 진(秦)의 명장으로 조(趙)의 군대를 대파하여 사십만여 명의 포로를 구덩이에 묻어 죽였다고 한다. 후에 자살하는 최후를 맞았다.

5) 자서(子胥): 오원(伍員)의 자. 춘추 시대 오(吳)의 대부를 지냄. 합려(闔閭)를 도와 왕위를 탈취했으며, 부차(夫差) 때에는 초와 월(越)을 정벌했으나 참언을 당해 자살하는 최후를 맞았다.

6) 미생(尾生): 『莊子』에 나오는 전설 속의 인물로 변통력 없이 신용만을 중시한 인물. 다리 밑에서 만나기로 약속한 여인을 기다리다가 불어난 물에 익사하였다.

7) 왕가(王嘉): ?~B.C. 2 자는 공중(公仲). 한 성제(成帝) 때에 정사의 득실을 논하여 인정을 받았으며 애제(哀帝) 때에도 누차 상소를 올렸는데 결국 임금의 노여움을 사서 감옥에 갇혀 피를 토하고 죽었다.

8) 허자장(許子將): 150~195, 이름은 소(劭). 동한 사람으로 인물 평으로 이름을 날렸다.

# 論諸子

老子長于養性, 不可以臨危難. 商鞅長于理法, 不可以從敎化. 蘇張長于馳辭, 不可以結盟誓. 白起長于攻取, 不可以廣衆. 子胥長于圖敵, 不可以謀身. 尾生長于守信, 不可以應變. 王嘉長于遇明君, 不可以事暗主. 許子將長于明臧否, 不可以養人物. 此任長之術者也.

# 사양과 탈취, 선양과 찬탈에 대해 논함

이 글은 사양하고 선양한 일과 탈취하고 찬탈한 일을 실제 역사에서 찾아내, 비록 같은 행위인 경우에도 주체의 총명 여부와 객관적 상황에 따라 정반대의 결과와 평가를 초래함을 보였다. 당 조유의 『장단경』 7권 「시의(時宜)」의 자주에 보인다.

범려[1]는 높은 관직을 버림으로써 고상함을 얻었으며, 우경[2]은 재상의 자리를 버림으로써 큰 공적을 남겼다. 태백[3]은

---

1) 범려(范蠡): 자는 소백(少伯). 춘추 시대의 월(越)나라 대부로, B.C. 494년에 오나라에게 패하자 왕인 구천(勾踐)을 도와 오나라에 복수하게 하였다. 상장군(上將軍)에 봉해졌으나 관직을 버리고 떠났다.
2) 우경(虞卿): 우경(虞慶) 또는 오경(吳慶)이라고도 하며, 전국 시대 조나라 효성왕(孝成王)에게 유세하여 상경(上卿)이 됐다.
3) 태백(太伯): 태백(泰伯)이라고도 한다. 주(周)나라 조상 고공단보(古公亶父)의 장남으로 오(吳)나라의 시조이다. 부친의 유언을 실천하고자 누차에 걸쳐 동생에게 왕위를 양보하였다.

세 차례나 왕위를 사양함으로써 인(仁)을 달성하였으나, 연
왕 쾌[4]는 왕위를 사양하였다가 피살됐다. 요임금과 순임금
은 선양함으로써 성인이 되었으나, 서한 애제(哀帝)는 동현
(董賢)에게 왕위를 주려다가 어리석은 꼴이 됐다. 무왕(武
王)은 은(殷)을 멸하여 의로움의 모범이 되었으나, 왕망(王
莽)은 한(漢)의 왕위를 빼앗아 찬탈의 역적이 되었다. 제환
공[5]은 관중[6]에 의지해 패업을 달성했으나, 진시황은 조고[7]
때문에 나라를 잃었다. 이와 같은 일들은 모두 행위는 같으
나 결과는 다른 예이다. 같은 일로도 총명한 이는 흥하는데
어리석은 자는 모욕과 환란을 당한다.

---

4) 연쾌(燕噲): 전국 시대 연나라 왕으로 재상 자지(子之)에게 왕위를
   양보하려 하자 태자와 그를 지지하는 장군들이 난을 일으켰으며, 그
   틈에 제(齊) 선왕(宣王)에 의해 공격당해 피살됐다.
5) 환공(桓公): ?~B.C. 643 성은 강(姜)이고 이름은 소백(小白)으로 춘
   추 시대 제나라 임금. 관중을 중용하여 패업을 달성함.
6) 관중(管仲): ?~B.C. 645 이름은 이오(夷吾)이고 자는 중(仲). 제(齊)
   의 명재상.
7) 조고(趙高): 진나라 환관으로 오랫동안 진시황(秦始皇, 259~B.C.
   210)의 신임을 받았다. 진시황의 장남을 자살하게 하고 호해(胡亥)를
   즉위시켰다가 그도 다시 살해하고 다시 자영(子嬰)을 즉위시킴. 전횡
   을 일삼다가 후에 자영에게 피살됨.

# 論讓奪

范蠡以去貴爲高, 虞卿以舍相爲功; 太伯以三讓爲仁, 燕噲以辭國爲禍; 堯舜以禪位爲聖, 孝哀以授董爲愚; 武王以取殷爲義, 王莽以奪漢爲簒, 桓公以管仲爲霸, 秦王以趙高喪國. 此皆趣同而事異也. 明者以興, 暗者以辱亂也.

# 병 법

제갈량은 전쟁은 사람의 힘으로 승부를 가르는 일로서 강병(强兵)이 국가 통일의 방법이라 여겼다. 그는 군대를 법에 따라 엄하게 다스리고자 하면서 동시에 널리 여러 사람의 충성스럽고 유익한 의견을 받아들이고자 하였으며, 또 자신의 결점에 대하여도 마음을 열어 고치고자 노력하였다. 본「병법」1에서는 그가 금지하고자 하였던 군중의 각종 행위에 대해 설명하고,「병법」2에서는 각기 다른 조건 아래에서의 작전 요령을 논하고 있다.


## 1

군에는 일곱 가지 금하는 것이 있으니, 첫째는 군기를 얕보는 일이요, 둘째는 태만함이요, 셋째는 도둑질이요, 넷째는 속임수요, 다섯째는 배신이요, 여섯째는 군진을 어지럽히는 일이요, 일곱째는 규율을 방해하는 일이다. 만약 약속한 때에 도달하지 않거나, 북소리를 듣고도 행동하지 않거나,

지휘가 느슨한 틈을 타 머뭇거리고 전진하지 않거나, 임무를 회피하여 쉬기만 하거나, 처음에 본진에 가깝게 있다가도 뒤에는 멀리 처지거나, 점호에 응하지 않거나, 무기를 갖추지 않는 행위를 일러 군기를 가볍게 여긴다고 한다. 이와 같은 행위를 하는 자가 있다면 참하리라. 명을 받고도 전하지 않거나, 전하되 자세히 전하지 않음으로써 관리나 병사를 곤혹스럽게 하거나, 징소리 · 북소리를 듣지 않고 깃발의 신호를 주목하지 않는 행위를 일러 군령에 태만히한다고 한다. 이와 같은 행위를 하는 자는 참하리라. 양식을 공급하지 않거나, 무기를 배급하지 않거나, 하사품을 받고도 공평하게 분배하지 않거나, 자기와 가까운 이를 특별히 봐주거나, 응당 받지 않을 것을 받거나, 빌린 돈과 물건을 돌려주지 않거나, 남이 죽인 적의 머리를 빼앗아 공과 명예를 가로채는 행위를 일러 도둑질이라 한다. 이런 행위를 하는 자는 참하리라. 만약 거짓 이름을 대거나, 복장이 불량하거나, 징이나 북을 준비하지 않거나, 무기를 날카롭게 손질하지 않거나, 무기의 손잡이를 단단히해두지 않거나, 화살에 깃털을 부착시키지 않거나, 활에 줄을 매지 않거나, 이들을 관리하는 자로서 군령을 따르지 않는다면 이는 속이는 행위이다. 이와 같은 행위를 하는 자는 참하리라. 북소리를 듣고도 행동하지 않거나, 징소리를 듣고도 정지하지 않거나, 깃발을 거두어도 엎드리지 않거나, 깃발을 들어도 일어나지 않거나, 깃발을 휘둘러도 그 방향을 따르지 않거나, 앞에 나서지 않고 뒤에 처지거나, 멋대로 움직여 대열을 어지럽히고 공격의 위세를 꺾거나, 물러나 싸우지 않고 멋대로 좌우로 이동하거나, 사상자의 부축을 핑계로 싸움터를 떠나 본영에 돌아가는 행위를 일러 배신이라 한다. 이와 같은 행위를 하는 자는 참하리라. 전쟁에 나아가 앞을 다투어 어지럽게 나서거나, 보병과 기병이 섞여 길을 막아 뒤의 부대가 전진하지 못하게 하거나, 불러대고 떠들어대어 아무 소리도 들을 수 없게 하거나, 대오를 벗어나 질서를 어지럽혀 무기로 아군에게 부상을 입히거나, 그런 경우에 책임자로서 잘 정돈시키지 못하고 상하가 멋대로 구는 행위를 일러 군진을 어지럽힌다고 한다. 이런 행위를 하는 자는 참하리라. 부대의 주둔지에서 고향을 물으며 가까운 이들끼리 몰려다니고 같이 먹고 서로 살펴주고, 이름을 불러도 찾아낼 수 없게 행동하고 남의 대오에 끼여들어가 질서를 무너뜨리면서 상관의 제지를 듣지 않고, 담을 넘어 멋대로 드나들어 정문을 통하지 않으면서 보고하지 않고, 간사한 행위의 발단을 알면서도 보고하지 않는다면 그 죄는 범죄자와 같도다. 그리고 떼지어 같이 먹고 마시며 대접해준 자와 사사로운 관계를 가지고, 허황되고 겁주는 이야기로 관리와 병사들을 혹하게 하는 일을 일러 규율을 방해하는 행위라 한다. 이와 같은 행위를 하는 자는 참하리라. (『태평어람』 296권)

軍有七禁: 一曰輕, 二曰慢, 三曰盜, 四曰欺, 五曰背, 六曰亂, 七曰誤, 此治軍之禁也. 若期會不到, 聞鼓不行, 乘寬自留, 回避務止, 初近而後遠, 喚名而不應, 軍甲不具, 兵器不備, 此謂輕軍, 有此者斬之. 受令不傳, 傳之不審, 以惑吏士, 金鼓不聞, 旌旗不睹, 此謂慢軍, 有此者斬之. 食不稟粮, 軍不部兵, 賦賜不均, 阿私所親, 取非其物, 借貸不還, 奪人頭首, 以獲功名, 此謂盜軍, 有此者斬之. 若變易姓名, 衣服不鮮, 金鼓不具, 兵刃不利磨, 器仗不堅, 矢不著羽, 弓弩無弦, 主者吏士, 法令不從, 此謂欺軍, 有此者斬之. 聞鼓不行, 叩金不止, 按旗不伏, 擧旗不起, 指麾不隨, 避前在後, 縱發亂行, 折兵弩之勢, 却退不斗, 或左或右, 扶傷擧死, 因托歸還, 此謂背軍, 有此者斬之. 出軍行將, 士卒爭先, 紛紛擾擾, 軍騎相連, 咽塞道路, 後不得前, 呼喚喧嘩, 無所聽聞, 失行亂次, 兵刃中傷, 長將不理, 上下縱橫, 此謂亂軍, 有此者斬之. 屯營所止, 問其鄉里, 親近相隨, 共食相保, 呼召不得, 越入他伍, 干誤次第, 不可啊止, 度營出入, 不由門戶, 不自啓白, 奸邪所起, 知者不告, 罪同一等, 合人飮食, 阿私所受, 大言驚語, 疑惑吏士, 此謂誤軍, 有此者斬之.


2


산이나 언덕에서 싸울 때는 높은 곳을 올려다보면서 싸우지 말며, 물에서 싸울 때는 물길을 거슬러 싸우지 말며, 초지에서 싸울 때는 무성한 숲에 들어가지 말며, 평지에서 싸울 때는 마을이 있는 곳으로 향하지 말 것이니,[1] 그리하는 것이 유리하다. 전투에서의 유불리는 오직 부대의 사기와 군진의 형세 및 작전 방법에 달려 있다. (『태평어람』313권)

山陵之戰, 不仰其高, 水上之戰, 不逆其流, 草上之戰, 不涉其深, 平地之戰, 不逆其虛, 此兵之利也, 故戰鬪之利, 唯氣與形也.

---

1) 마을 안의 매복에 대비하기 위함이다. 본문의 '허(虛)'는 '허(墟)'와 통하며 마을을 의미한다.

# 제2부

# 장군의 길

다음의 글들은 별개의 저작이라고 할 수 있는 「장원(將苑)」에 실린 것들로 「장원」은 장군의 덕목과 군대 운용에 관한 총 50편의 단편으로 되어 있다. 세간에서는 제갈량의 글로 알려져 비교적 널리 통용되었으나 실은 후인의 위작이다. 청 장주의 『제갈량 전집』 4권과 명 제갈희(諸葛羲)·제갈탁(諸葛倬)의 『제갈공명 전집』 8권에 실려 있다. 이 「장원」은 원 도종의(陶宗儀)의 『설부(說撇)』 9권의 『신서(新書)』, 그리고 명 초횡(焦竑)의 『국사경적지(國史經籍志)』에 『심서(心書)』라고 기록된 책과 같은 내용의 것이며 『공명심서(孔明心書)』 또는 『무후심서(武侯心書)』로 널리 통용되었다. 『신서』는 『사고전서총목제요(四庫全書總目提要)』에서, "50편 안의 글을 살피건대 대부분이 『손자(孫子)』를 절취한 것이다"라고 하여 위작으로 단정하였는데, 실은 고대의 병법서나 기타 서적 중의 병사에 관한 글을 두루 모은 것으로 『손자』 외에도 『육

도(六韜)』에서 여섯 편, 『오자(吳子)』에서 세 편, 『황석공삼략(黃石公三略)』에서 두 편, 『회남자(淮南子)』, 「병략훈(兵略訓)」과 『한서』, 「병법지(兵法志)」 및 『한서』, 「조착전(晁錯傳)」에서 각각 한 편씩을 모은 것으로 새로이 표제를 달고 원문의 문자와 순서를 바꾸기도 하였다. 그런데 『사고전서총목제요』에서는 「장원」과 『신서』를 따로 기록하면서, 「장원」은 『신서』보다 "뒤에 나온 위작이며," 『심서』는 또 "「장원」보다 뒤에 나온 것이다"라고 하였다. 즉, 『신서』로 시작된 위작이 다시 「장원」과 『심서』로 이어진 것이다. 청 장주본과 명 제갈씨본 안의 「장원」은 문자와 표제에 있어 약간의 차이가 있으며, 명 만력(萬曆) 연간의 중국본 『공명심서』(규장각 소장본) 및 또 다른 『공명심서』(규장각 소장본)와도 약간의 차이가 있다. 이 글은 명 제갈씨본 『제갈공명 전집』 중의 「장원」을 저본으로 하였다.

# 병 권

　무릇 병권이란 삼군의 지휘권이며 최고위 장군의 위세이
다. 장군이 병권을 가지고 필요한 위세를 지닌 채 부하를 대
함은 마치 맹호가 날개를 달고 사해에 날아 닥치는 상황에
따라 힘을 발휘하는 것과도 같다. 만약 장군이 권한을 잃고
위세를 지니지 못한다면, 이는 물고기와 용이 강호를 벗어나
헤엄치려는 형세와도 같으니, 어찌 파도를 일으키며 내달리
는 일이 가능하겠는가?

## 兵　權

　夫兵之權也, 是三軍之司命, 主將之威勢, 將能執兵之權, 操
兵之勢, 以臨其下, 譬如猛虎, 加之兩翼, 翺翔四海, 隨所遇而施
之, 若將失其權, 不操其勢, 亦如魚龍脫於江湖中, 欲求游泳之
勢, 鶩濤戲浪, 何可得也.

# 축출해야 할 사람

무릇 전쟁과 나라일에 다섯 가지 해악이 있다. 첫째는, 패거리를 지어 현명하고 선량한 이를 비방하고 참소하는 것이요; 둘째는, 의복에 사치를 부리며 의관과 요대를 남달리하는 것이요; 셋째는, 요사스런 말로 떠벌리며 미신의 괴이한 말을 하는 것이요; 넷째는, 시비만을 따지며 사사로이 대중을 동원하는 것이요; 다섯째는 득실을 살펴가며 남몰래 적군과 관계를 맺는 것이다. 이런 자는 간사한 짓이나 하고 덕을 거스르는 자이니 멀리 두고 가까이하지 말아야 한다.

## 逐 惡

夫國軍之獘, 有五害焉. 一者結黨相連, 毀譖賢良. 二者侈其衣服, 異其冠帶. 三者虛誇妖說, 詭言神道. 四者專察是非, 私以動衆. 五者伺候得失, 陰結敵人. 此所謂爲姦悖德之人, 可遠而不可親也.

# 사람됨을 아는 길

　무릇 인성이란 무엇보다도 살피기 어렵다. 미추는 분명히 구분이 가지만 마음이란 구별하기 어려워 따뜻하고 선량한 듯하지만 도둑질하는 이가 있고, 겉으로는 공손하지만 속으로 속이는 이가 있으며, 겉으로는 용감하지만 속마음은 겁쟁이인 이가 있고, 힘을 다하지만 불충한 이도 있다. 그러나 사람됨을 아는 방법에 일곱 가지 길이 있다. 첫째는, 시비를 물어 그 뜻을 살피는 길이요, 둘째는, 말로써 몰아붙여 그 변하는 모습을 살피는 길이요, 셋째는, 계책을 물어 그 아는 바를 살피는 길이요, 넷째는, 어려운 상황을 알리고 그 용감성을 살피는 길이요, 다섯째는, 술에 취하게 하고 그 품성을 살피는 길이요, 여섯째는, 이익을 제시하여 그 청렴성을 살피는 길이요, 일곱째는, 어떤 일을 기약하여 그 신용을 살피는 길이다.

# 知　人

　　夫人之性, 莫難察焉, 善惡雖殊, 情貌不一, 有溫良而爲盜者, 有外恭而內欺者, 有外用而內怯者, 有盡力而不忠者, 然知人之道有七. 一曰, 問之以是非而觀其志. 二曰, 窮之以詞而觀其變. 三曰, 咨之以謀而觀其識. 四曰, 告之以難而觀其勇. 五曰, 醉之以酒而觀其性. 六曰, 臨之以利而觀其廉. 七曰, 期之以事而觀其信.

# 장군의 재목

무릇 장군의 재목에는 여덟 가지가 있다. 덕의 길을 가고 예로써 정돈하며 남의 굶주림과 추위를 알아주며 노고를 살피는 이, 그를 어진 장군(仁將)이라 한다. 일을 구차하게 피하지 아니하고 이익에 흔들리지 않으며 영예롭게 죽고 굴욕 속에 살지 않는 이, 그를 의로운 장군(義將)이라 한다. 신분이 높으나 교만하지 않고 승리하고도 뽐내지 않으며 현명하면서도 겸손하고 강직하면서도 참을성이 있는 이, 그를 예절 바른 장군(禮將)이라 한다. 변화무쌍하며 다양하게 변통하고 화를 복으로 돌리고 위기에서도 승리하는 이, 그를 지혜로운 장군(智將)이라 한다. 칭찬할 땐 후한 상을 내리고 물리칠 땐 엄한 벌을 가하며 상은 때를 놓치지 않고 벌은 신분을 가리지 않는 이, 그를 믿음 있는 장군(信將)이라 한다. 발은 군마보다 가벼우며 기세는 백 사람을 억누르고 짧은 무기를 잘 쓰며 창칼을 잘 다루는 이, 그를 보병의 장군(步將)이라 한다. 높고 험한 곳을 오르내리며 나는 듯이 말 타고 화살을 날리며 전진시에는 앞장서고 후퇴시에는 뒤에 서는 이, 그를 기병의 장군(騎將)이라 한다. 강적을 얕보며 기세는 대군을 능가하고, 작은 싸움에는 겁을 내면서 큰 전투에서는 용감한 이, 그를 용맹한 장군(猛將)이라 한다. 현인을 보면 자신이 미치지 못한다고 여기며 간언을 따르기를 물 흐르듯이 하고 관대하면서도 강직하며 간략한 가운데 계책이 많은 이, 그를 큰 장군(大將)이라 한다.

## 將 材

夫將材有八. 道之以德, 齊之以禮, 知其饑寒, 察其勞苦, 此之謂仁將. 事無苟免, 不爲利撓, 有死之榮, 無生之辱, 此之謂義將. 貴而不驕, 勝以不恃, 賢而能下, 剛而能忍, 此之謂禮將. 奇變莫測, 動應多端, 轉禍爲福, 因危制勝, 此之謂智將. 進有厚賞, 退有嚴刑, 賞不逾時, 刑不擇貴, 此之謂信將. 足輕戎馬, 氣蓋百夫, 善用短兵, 長於劍戟, 此之謂步將. 臨高歷險, 馳射若飛, 進則先行, 退則後殿, 此之謂騎將. 氣凌三軍, 志輕彊敵, 怯於小戰, 勇於大鬪, 此之謂猛將. 見賢若不及, 從諫若順流, 寬而能剛, 簡而多計, 此之謂大將.

# 장군의 그릇됨

무릇 장군의 그릇됨은 그 크기가 다르다. 만약 간사함을 분별하고 화를 살피며 대중을 심복시키는 이, 그는 열 사람을 거느릴 장군이다. 새벽에 일어나 밤늦게 잠들고 말은 빈틈없고 온당한 이, 그는 백 사람을 거느릴 장군이다. 정직하면서도 사려 깊고 용감하며 잘 싸우는 이, 그는 천 사람을 거느릴 장군이다. 외모는 우락부락하고 마음은 뜨거우며 남의 어려움을 알고 남의 배고픔과 추위를 아파하는 이, 그는 만 사람을 거느릴 장군이다. 현명하고 능력 있는 이를 가까이 불러들이고 날마다 신중히하며 성실성과 신용이 있고 관대함과 대범성이 있으며 난리 중에도 여유 있는 이, 그는 십만 인을 거느릴 장군이다. 아랫사람에게 인애심이 가득하고 신의로써 인접 국가를 복속시키며 위로는 천문을 이해하고 아래로는 지리를 살펴 그 가운데 인사를 다 알면서 천하를 자기 집처럼 가까이 여기는 이, 그는 천하의 으뜸가는 장군(雄將)으로서 대적할 자가 없다.

## 將　器

　　夫將之器，大所不同．若乃察其奸，伺其禍，爲衆心所服，此十夫之將．夙興夜寐，言詞密察，此百夫之將．直而有慮，勇以能鬪，此千夫之將．外貌桓桓，中心烈烈，知人艱難，惜人饑寒，此萬人之將．近賢進能，日愼一日，誠信寬大，閑於理亂，此十萬人之將．仁愛洽於下，信義服鄰國，上曉天文，下察地理，中悉人事，四海之內，親如室家，此天下雄將，不可敵也．

# 장군의 잘못

무릇 장군의 길에는 여덟 가지 잘못이 있다. 첫째는 욕심 부려 만족할 줄 모르는 것이요, 둘째는 현명하고 능력 있는 이를 질투하는 것이요, 셋째는 참언을 믿고 아첨을 좋아하는 것이요, 넷째는 남은 잘 요량하면서도 자신은 요량하지 못하는 것이요, 다섯째는 망설이며 스스로 결단하지 못하는 것이요, 여섯째는 주색에 무도하게 빠지는 것이요, 일곱째는 간사하고 비겁한 것이요, 여덟째는 미친 듯이 폭언하며 예절을 따르지 않는 것이다.


將 弊


夫爲將之道, 有八弊焉. 一曰貪而無厭. 二曰妬賢嫉能. 三曰信讒好佞. 四曰料彼不自料. 五曰猶豫不自決. 六曰荒淫於酒色. 七曰奸詐而心怯. 八曰狂言不以禮.

# 장군의 충심

　병기란 흉기요 장군이란 위험한 임무이다. 기세가 강하면 부서지고 임무가 무거우면 위태롭다. 그러므로 훌륭한 장군은 강함에 의존하지 않으며 위세에 의지하지 않는다. 총애받아도 기뻐하지 않으며, 모욕을 당해도 두려워하지 않는다. 이익을 보고도 탐내지 않고 미색을 보고도 미혹되지 않는다. 나라에 몸을 바칠 일념뿐이다.


將　忠


　兵者凶器, 將者危任. 是以氣剛則缺, 任重則危. 故善將者不恃强, 不怙勢. 寵之不喜, 辱之不懼, 見利不貪, 見色不淫, 以身狥國, 一意而已.

# 장군이 알아야 할 것

  무릇 장군에게는 다섯 가지 잘 알아야 할 것과 네 가지 추구할 바가 있다. 다섯 가지 잘 알아야 할 것은 적의 형세를 잘 아는 것, 나아가고 물러남의 도리를 잘 아는 것, 자국의 허와 실을 잘 아는 것, 천시(天時)와 인사(人事)를 잘 아는 것, 험하고 평탄한 산천의 지세를 잘 아는 것이다. 네 가지 추구할 것은 의론이 남다를 것과 계책의 비밀을 유지해야 할 것과 군중이 안정을 유지할 것과 마음이 하나같을 것이다.


## 將 善

  夫將有五善 四欲. 五善者, 謂善知敵之形勢, 善知進退之道, 善知國之虛失, 善知天時人事, 善知山川坦險. 四欲者, 議欲奇, 謀欲密, 衆欲靜, 心欲一.

# 장군의 굳셈

　훌륭한 장군은 지극히 굳으면서도 부러지지 않고, 지극히 부드러우면서도 구부러지지 않는다. 그러므로 약함으로써 강함을 제압하고 부드러움으로써 굳음을 제압한다. 오직 부드럽고 약하기만 하다면 그 세는 반드시 꺾일 것이요, 오직 굳고 강하기만 하다면 그 세는 반드시 망할 것이다. 부드럽지도 굳지도 않음이 도에 합치되는 길이다.


　　　將　剛


　善將者, 至剛不可折, 至柔不可卷, 故以弱制强, 以柔制剛. 純柔純弱, 其勢必削, 純剛純强, 其勢必亡. 不柔不剛, 合道之常.

# 장군의 교만

장군은 교만해서는 아니 된다. 장군으로서 교만하면 예에 벗어나게 되고, 예에 벗어나면 사람들이 떠나간다. 사람들이 떠나가면 대중이 반역하여 장군은 비루해진다. 장군이 비루해지면 상 주고 신임하는 일이 통하지 않는다. 상 주고 신임하는 일이 통하지 않으면 군이 공을 이루지 못하고, 군이 공을 이루지 못하면 나라가 허약해진다. 나라가 허약해지면 도적이 견실해진다. 공자께서도, "주공과 같은 뛰어난 재능을 지녔다 해도 교만하고 인색하다면 다른 면을 볼 필요도 없다"라고 말씀하셨다.

將　驕

將不可驕, 將驕則失禮, 失禮則人離, 人離則衆叛. 將不可恡, 恡則賞信不行, 賞信不行則士不致命, 士不致命則軍無功, 軍無功則國虛, 國虛則寇實. 孔子曰, 如有周公之才之美, 使驕且吝, 其餘不足觀也已.

# 장군이 힘쓸 일

장군에게는 다섯 가지 힘쓸 일과 피해야 할 것이 있다. 고상한 절개로는 풍속을 바로잡을 수 있으며, 효성과 형제애로는 이름을 드날릴 수 있으며, 신의로는 교우할 수 있으며, 두루 사랑함으로는 대중을 받아들일 수 있으며, 힘써 일함으로는 공을 세울 수 있으니, 이것들이 장군이 힘써야 할 다섯 가지이다. 일을 꾀함에 있어 시비를 헤아리지 못하며, 다스림에 있어 현인을 임명하지 못하며, 어지러운 때에 형법을 바로잡지 못하며, 경제 면에서 가난을 구제하지 못하며, 지혜의 수준이 구체화되기 전에 방비하지 못하며, 사려의 깊이는 미세하고 숨겨진 것을 방비할 수 없으며, 높은 지위를 차지하고도 아는 이를 천거하지 못하며, 실패했을 때 비방을 피하지 못하는 일, 이들을 여덟 가지 피해야 할 잘못이라 한다.

## 將 彊

　將有五彊　八惡.　高節可以勵俗,　孝弟可以揚名,　信義可以交
友,　汎愛可以容衆,　力行可以建功.　此將之五彊也.　謀不能料是
非,　慮不能任賢良,　亂不能正刑法,　富不能濟貧乏,　智不能備未
形,　慮不能防微密,　達不能擧所知,　敗不能無毀謗,　此之謂八惡
也.

# 출 병

옛날에 나라에 난이 있으면 주군은 현명한 이를 가려 일을 시키니, 사흘 동안 재계(齋戒)하고 종묘에 들어가 남쪽을 향해 서면 장군은 북쪽을 향한다. 태사(太師)가 창을 주군에게 바치면 주군은 그 창을 받아 자루를 쥐고 장군에게 수여하며 말한다. "궁성 밖의 일은 장군이 판단하시오." 그리고 다시 명한다. "빈틈이 보이면 진격하고, 견실함이 보이면 멈추시오. 신분이 높다고 남을 천시하지 말며, 개인적 견해로 여론을 어기지 말며, 교묘한 아첨에 넘어가 충성되고 믿음 있는 말을 거스르지 말며, 군사가 앉기 전에는 앉지 말며, 군사가 먹기 전에는 먹지 말며, 추위와 더위를 함께하고, 힘쓰고 쉬는 일을 함께하며, 고락을 같이 나누고 위험을 같이 나누시오. 그리하면 군사들은 반드시 생명을 다하고, 적은 망할 것이오." 장군이 명 받기를 마치고 죽음을 각오하는 출정의 문을 뚫고 군대를 이끌고 나서면 주군은 그를 배웅하여 무릎을 꿇고 수레바퀴살통을 잡고 말한다. "나아가고 물러남은 오로지 적당한 때를 따를 것이며 군영의 일은 나의 명을 듣지 말고 모두 장군이 내리시오. 그리하면 위로는 하늘도 없고 아래로는 땅도 없으며 앞에는 적도 없고 뒤에는 주군도 없으리라. 그리하여 지자(智者)는 사려할 것이요, 용자(勇者)는 싸우리라. 그러므로 밖으로는 싸움에서 승리하고 안으로는 공을 세워, 후대에도 이름을 날리고 자손에게까지 복이 이어지리라."

## 出　師

古者, 國有難, 君簡賢而使之, 齋三日, 入廟門, 面南立, 將北面, 太師進斧鉞於君. 君持斧鉞, 以柄授於將曰, 閫外. 將軍裁之, 復命曰, 見其虛則進, 見其實則止. 勿以身貴而賤人, 勿以獨見而違衆, 勿以巧佞而違忠信. 士未坐勿坐, 士未食勿食. 同寒暑, 等勞逸, 齊甘苦, 均危患. 此則士必盡命, 敵必可亡. 將受詞訖, 鑿凶門引軍而出. 君送之跪而捧轂曰, 進退維時, 軍中之事, 不聞君命, 皆由將出. 若此, 則無天於上, 無地於下, 無敵於前, 無主於後. 是以智者爲之慮, 勇者爲之鬪. 故戰勝於外, 立功於內, 揚名於後代, 福延及於子孫.

# 인재의 선택

무릇 군대를 운용할 때에, 싸움하기를 좋아하고 즐겨 혼자서도 강적을 이기는 이들이 있으니 그들을 하나로 모아 보국 부대(報國之士)라고 부른다. 기세가 대군을 압도하고 재주와 힘이 있고 용감하고 민첩한 이들이 있으니 그들을 하나로 모아 돌격 부대(突陣之士)라고 부른다. 발이 가벼워 잘 달리는 말과 같은 이들이 있으니 그들을 하나로 모아 깃발 부대(蹇旗之士)라고 부른다. 말을 타며 활쏘기를 하고, 목표물을 잘 맞히는 이들이 있으니 그들을 하나로 모아 선봉 부대(爭鋒之士)라고 부른다. 쏘면 반드시 맞히고 맞히면 반드시 치명상을 입히는 이들이 있으니 그들을 하나로 모아 쾌속 부대(飛馳之士)라고 부른다. 강한 활을 잘 쏘며 먼 곳의 것도 잘 맞히는 이가 있으니 그들을 하나로 모아 저격 부대(摧鋒之士)라고 부른다. 이들은 뛰어난 여섯 부대로서 그 능력에 따른 것이다.

## 擇　材

　夫師之行也, 有好鬪樂戰, 獨取强敵者, 聚爲一徒, 名曰報國之士. 有氣蓋三軍, 材力勇捷者, 聚爲一徒, 名曰突陳之士. 有足輕善步, 走如奔馬者, 聚爲一徒, 名曰搴旗之士. 有騎射若飛, 發無不中者, 聚爲一徒, 名曰爭鋒之士. 有射必中, 中必死者, 聚爲一徒, 名曰飛馳之士. 有善發强弩, 遠而必中者, 聚爲一徒, 名曰摧鋒之士. 此六軍之善士, 各因其能而用之.

# 지혜의 사용

　무릇 장군으로서의 도리는 반드시 하늘에 순응하고 때를 기다려 사람의 힘에 의지하여 승리하는 것이다. 그러므로 하늘은 따라주나 때가 따라주지 않았을 때 사람이 행동하는 일을 일러 때를 거스른다고 하며, 때는 따라주나 하늘이 따라주지 않았을 때 사람이 행동하는 것을 일러 하늘을 거스른다고 하며, 하늘도 따라주고 때도 따라주는데 사람이 행동하지 않는 것을 일러 사람을 거스른다고 한다. 지혜로운 이는 하늘을 거스르지 않고, 때를 거스르지 않으며, 사람도 거스르지 않는다.

智　用

　夫爲將之道, 必順天因時, 依人以立勝也. 故天作時不作而人作, 謂之逆時. 時作天不作而人作, 謂之逆天. 天作時作而人不作, 謂之逆人. 智者不逆天, 不逆時, 不逆人也.

# 진을 치지 않는 군대

　옛날에 통치를 잘한 이는 군대를 사용하지 않았고, 훌륭한 군대는 진을 치지 않았으며, 잘 쳐진 진은 싸우지 않았고, 성공적인 전투는 패하지 않았으며, 성공적인 패전은 나라를 잃지 않았다. 예전의 성인들은 편안히 거주하게 하고 자기 직업을 즐기게 하여 사람들이 늙도록 서로 공격하지 않도록 통치하였으니 이는 군대를 쓰지 않은 훌륭한 통치의 경우라고 하겠다. 순임금이 제도와 형법을 정돈하고 고유(咎繇)가 신하 노릇을 잘하여 사람들이 법을 어기지 아니하여 형법이 쓸모 없었으니 이는 진을 치지 않은 훌륭한 군대의 경우라 하겠다. 우임금이 묘나라를 정벌하고 방패와 꿩깃을 들고 추는 간우(干羽)의 춤을 추어 묘나라 백성이 모여왔으니 이는 싸우지 않은 훌륭한 진의 경우라 하겠다. 탕왕과 무왕이 출정을 고하고 군장을 갖추자 천하가 안정되었으니 이는 패하지 않는 훌륭한 전투의 경우라 하겠다. 초나라 소왕이 화를 당하자 진나라로 도망가 구원을 청하여 끝내는 고국으로 돌

아올 수 있었으니 이는 멸망을 면한 성공적인 패전의 경우라
하겠다.

## 不　陣

　古之善理者不師, 善師者不陳, 善陳者不戰, 善戰者不敗, 善
敗者不亡. 昔者聖人之致理也, 安其居, 樂其業, 人至老, 不相攻
伐, 可謂善理者不師. 若舜修典刑, 咎繇作士, 人不犯令, 刑無所
施, 可謂善師者不陳. 若禹伐有苗, 舞干羽而苗民格, 可謂善陳
者不戰. 若湯武誓師, 一戎衣而天下大定, 可謂善戰者不敗. 若
楚昭王遭禍, 奔秦請救, 卒能返其國, 可謂善敗者不亡也.

# 장군의 바른 길

『서경』에 이르기를, "군자를 모욕하면 그 진심을 다하게
할 수 없고, 소인을 모욕하면 그 힘을 다하게 할 수 없다"고
하였다. 군대의 중대사를 처리하며, 영웅의 마음을 잡고, 상
벌의 규정을 엄하게 하며, 문무의 도리를 다하고, 굳고 부드
러움의 방법을 겸하며, 예악을 말하고 『시경』과 『서경』의 가
르침을 두터이하고, 어짐과 의로움을 먼저하고 지혜와 용기
를 나중으로 하라. 가만히 있을 때에는 물 속의 고기와 같이
하고, 움직일 때는 내달리는 물개와 같이 하며, 연대한 것은
분리시키고, 강한 것은 부러뜨리고, 깃발을 빛내 드러내고,
종과 북으로 경계하고, 물러날 때는 산이 움직이는 듯이 하
고, 나아갈 때는 비바람과 같이 하며, 격파할 때는 부수듯이
하고, 붙어 싸울 때는 호랑이와 같이 하라. 쫓되 용납하기도
하고, 날카롭게 대하면서 유도하기도 하며, 어지럽히기도 하
고 차지하기도 하며, 낮추기도 하고 자랑스러워하게도 하며,
가까이하기도 하고 멀리 두기도 하며, 강하게도 하고 약하게

도 하며, 위태로워하는 이는 안전하게 하고, 두려워하는 자
는 기쁘게 해주고, 반역하는 이는 회유하고, 억울해하는 이
는 호소하게 하며, 강자는 억누르고, 약자는 도와주며, 계략
을 지닌 이는 가까이하고, 참언하는 자는 덮어주며, 재물을
얻은 자는 가지게 하라. 힘을 믿고 적을 가벼이 보지 말며,
재주를 뽐내어 부하를 경시하지 말며, 편애하여 위세를 부리
지 말고 , 먼저 계획한 후에 움직이며, 승리를 확인하고서 싸
우며, 재물을 얻었다고 자기의 것으로 삼지 말며, 남의 아들
딸을 얻었다고 부리지 말라. 장차 이와 같을 수 있다면 외치
고 명령하지 않아도 사람들이 싸우고자 하고 칼을 써 피를
보이지 않아도 적을 물리칠 수 있다.


## 將　誠


書曰, 狎侮君子, 罔以盡人心, 狎侮小人, 罔以盡人力. 行兵
之要務, 擥英雄之心, 嚴賞罰之科, 總文武之道, 兼剛柔之術, 說
禮樂而敦詩書, 先仁義而後智勇. 靜若潛魚, 動若奔獺, 散其所
連, 折其所强, 耀以旌旗, 戒以金鼓, 退若山移, 進如風雨, 擊崩
若摧, 合戰如虎. 迫而容之, 利而誘之, 亂而取之, 卑而驕之, 親
而離之, 强而弱之. 有危者安之, 有懼者悅之, 有叛者懷之, 有冤
者伸之, 有强者抑之, 有弱者扶之, 有謀者親之, 有讒者覆之, 有
獲財者與之. 不恃力而輕敵, 不傲才而輕下, 不固寵而作威, 先

計而後動, 知勝而後戰. 得其財帛不自寶, 得其子女不者使. 將
能若此, 發號施令而人願鬪, 兵不創血而敵自敗矣.

# 군사적 대비

무릇 나라의 큰일 가운데 군사상의 대비보다 큰일은 없다. 만약 미세한 착오만 있어도 엄청난 차이의 결과를 초래하여 군사와 장수를 잃고서도 형세는 그에 그치지 않으니 두려운 일이 아닐 수 없다. 그러므로 나라에 어려움이 있으면 임금과 신하가 끼니를 미뤄가며 의논하여 현명하고 능력 있는 이를 골라 임무를 부여한다. 만약 편안하게 지내며 위태로울 때를 생각하지 않으면 적이 이르러도 두려워할 줄 모른다. 이를 두고 제비가 장막 위에 둥지를 틀고 물고기가 솥 안에서 헤엄친다고 말하니 저녁이 되기도 전에 죽을 형세이다. 전에 이르기를, "대비하지 않으면 할 수 없다"고 하였다. 또 이르길, "나라는 작아도 대비할 바가 있다"고 하였다. 또 이르기를, "무사시에 대비함이 훌륭한 정치의 길이다"라고 하였다. 또 이르기를, "벌과 전갈조차도 독이 있으니 하물며 나라에야!"라고 하였다. 대비하지 않는다면 비록 숫자가 많다고 해도 그에 의존할 바가 못 된다. 『서경』에 이르기를,

"일 처리는 오로지 대비함이다"라고 하였다. 유비무환이니,
삼군의 운영에 대비함이 없어서는 안 된다.


## 戎 備


夫國之大務, 莫大於戎事備. 若乃失之毫釐, 差之萬里. 殺軍
獲將, 勢不踰息, 可不懼哉. 故國有難, 君臣盱食而謀之, 簡賢料
能而任之, 若乃居安而不思危, 寇至而不知懼, 此謂燕巢於幕,
魚游於鼎, 亡不待夕矣. 傳曰, 不備不可以師. 又曰, 國無小, 有
備故也. 又曰, 豫備無虞, 善政之道. 又曰, 蜂蠆尙有毒, 而況國
乎. 無備雖衆, 不可恃也. 書曰, 惟事事乃其有備, 有備無患. 故
三軍之行, 不可不備也.

# 훈 련

무릇 병졸이란 훈련시키지 않으면 백 사람으로도 한 사람을 감당하지 못한다. 훈련시킨 것을 사용하면 혼자서도 백 사람을 감당할 수 있다. 그러므로 공자님도, "가르치지 않고 싸우게 하는 것은 포기하는 것이다'라고 또 "선한 이가 백성을 가르쳐 칠 년이 되면 적과 싸울 수 있다"고 하셨다. 그러니 군사를 가르치지 않을 수 없다. 먼저 예의를 설명하고, 충심과 믿음으로 깨우치며, 제도와 형법으로 경계하며, 상과 벌로 위엄을 더한다면 사람들은 권면할 바를 알게 된다. 그런 후에 연습시키면 줄지었다가도 흩어지고 앉았다가도 일어나며 가다가도 멈추고 나아가다가도 물러나며 떠났다가도 합하고 흩어졌다가도 모여든다. 한 사람은 열 사람을 가르칠 수 있고, 열 사람은 백 사람을 가르칠 수 있으며, 백 사람은 천 사람을 가르칠 수 있으며, 천 사람은 만 사람을 가르칠 수 있다. 그리하여 대군을 이룬다. 이렇게 훈련하면 반드시 적을 물리칠 수 있을 것이다.

## 習 練

夫卒不習, 百不當一. 習而用之, 一以當百. 故仲尼曰, 不敎而戰, 是謂棄之. 又曰, 善人敎民七年, 亦可以卽戎矣. 然則士不可不敎, 先訓之以禮義, 誨之以忠信, 誡之以典刑, 威之以賞罰, 人知其勸矣. 然後習之, 或陳而分之, 坐而起之, 行而止之, 前而卻之, 別而合之, 散而聚之. 一人可敎十人, 十人可敎百人, 百人可敎千人, 千人可敎萬人, 以成三軍. 如此練習之, 敵必敗矣.

# 군대의 좀벌레

　무릇 대군의 운영에는 조심스럽지 못한 정탐으로 봉화를 올림에 법도를 잃는 일이 있고, 군령을 어겨 기일에 맞추지 못함으로써 적당한 때와 기회에 대응하지 못하고 부대를 어지럽히는 일이 있다. 또 별안간 앞섰다 뒤섰다 하며 종이나 북소리에 맞추지 못하는 일이 있고, 상관으로서 부하를 아끼지 않아 불법으로 빼앗고 걷어들이는 일이 있으며, 자신의 사적인 일을 도모하여 남의 굶주림과 추위를 불쌍히 여기지 않는 일도 있다. 바르지 못하고 요사스런 말로 망령되이 화복을 늘어놓는 일도 있으며, 쓸데없이 떠들어대어 장군이나 관리를 놀라고 미혹되게 하는 일이 있으며, 만용이 통제되지 못하여 멋대로 상관을 깔보는 일이 있고, 군대의 창고를 비워가며 자신를 위하는 일도 있다. 이들 아홉 가지 일은 대군의 좀벌레로서 그런 일들이 있다면 반드시 패할 것이다.

## 軍　蠹

　夫三軍之行, 有探候不謹, 烽火失度. 後期犯令, 不應時機.
阻亂師徒, 乍前乍後. 不合金鼓, 上不恤下. 削刻無厭, 營私狥
己. 不恤饑寒, 非言妖詞. 妄陳禍福, 喧雜驚亂. 眩惑將吏, 勇不
受制. 專邪凌上, 虛竭軍庫以給其身. 此九者, 三軍之蠹, 有之必
敗矣.

# 심복 부하

무릇 장군에게는 반드시 극히 가까운 심복 부하와 눈과 귀가 되어줄 부하와 손발이 되어줄 부하가 있어야 한다. 심복이 없으면 밤길을 가면서 손발을 놀릴 수 없는 격이며, 눈과 귀가 되어줄 부하가 없다면 조용히 지내며 움직일 줄 모르는 격이며, 손발이 되어줄 부하가 없다면 굶주린 이가 독약을 먹는 격이어서 죽지 않을 수 없다. 그러므로 훌륭한 장군은 반드시 아는 것이 많고 지혜가 많은 심복을 두고, 깊이 있게 살피며 삼가하는 이를 귀와 눈으로 삼고 용감하며 적에게 잘 대응하는 이를 손발로 부려야 한다.

## 腹 心

夫爲將者, 必有腹心耳目爪牙. 無腹心者, 如人夜行, 無所措手足. 無耳目者, 如冥然而居, 不知運動. 無爪牙者, 如饑人食毒物, 無不死矣. 故善將者, 必有博聞多智爲腹心, 沈審謹密爲耳目, 勇捍善敵者爲爪牙.

# 신중한 물음

무릇 패배하여 군대를 잃음에는 적을 얕보아 화를 부른 경우가 아닌 것이 없다. 그러므로 출병함에는 규율이 서야 하며 규율을 상실하면 재앙이 닥친다. 규율을 유지하는 길에는 열다섯 가지가 있다. 첫째는 사려함이니, 간첩질을 밝혀 냄이다. 둘째는 단결이니, 꾸짖고 묻는 일을 신중히함이다. 셋째는 용기이니, 적이 다수라도 굽히지 않음이다. 넷째는 청렴함이니, 이익을 보면 의로운 것인지 생각함이다. 다섯째는 공평함이니 상 주고 벌주는 기준의 균일함이다. 여섯째는 인내이니, 수치를 잘 참음이다. 일곱째는 관대함이니, 대중을 받아들임이다. 여덟째는 신의이니, 허락한 바를 중히 여김이다. 아홉째는 공경심이니, 현명하고 능력 있는 이를 예로써 대함이다. 열째는 총명함이니, 참언을 받아들이지 않음이다. 열한번째는 옛 것을 지켜나감이니, 예전의 것을 함부로 버리지 않음이다. 열두번째는 어짊이니, 병졸을 아끼고 양육함이다. 열세번째는 충성이니, 나라를 위해 자신을 바침

이다. 열네번째는 분수이니, 만족해할 줄 앎이다. 열다섯번째
는 지모이니, 자신을 헤아려보고 난 후에 남을 헤아림이다.


## 謹　候


夫爲敗軍喪師, 未有不因輕敵而致禍也. 故師出以律, 失律則
凶. 律道有十五焉. 一曰慮, 間諜明也. 二曰結誶候謹也. 三曰
勇, 敵衆不撓也. 四曰廉, 見得思義也. 五曰平, 賞罰均也. 六曰
忍, 善含恥也. 七曰寬, 能容衆也. 八曰信, 重然諾也. 九曰敬,
禮賢能也. 十曰明, 不納讒也. 十一曰故, 不遺舊也. 十二曰仁,
愛養士卒也. 十三曰忠, 以身狥國也. 十四曰分, 知止足也. 十五
曰謀, 自料而後料他也.

# 기 회

　무릇 어리석음으로 지혜로움을 이기는 것은 이치를 거스르는 일이요, 지혜로움으로 어리석음을 이기는 것은 순리로운 일이다. 지혜로움으로 지혜로움을 이기는 것은 기회를 잘 이용하는 것으로 기회에는 세 방면이 있다. 첫째는 사건이고, 둘째는 형세이며, 셋째는 정황이다. 사건상의 기회가 생겨났는데도 대응하지 못하면 지혜로움이 아니요, 형세상의 기회가 있는데도 도모하지 못한다면 현명함이 아니요, 정황상의 기회가 왔는데도 실행하지 못하면 용기가 아니다. 훌륭한 장군은 기회를 이용하여 승리한다.

## 機　形

　夫以愚克智, 逆也. 以智克愚, 順也. 以智克智, 機也. 道有三焉. 一曰事, 二曰勢, 三曰情. 事機作而不能應, 非智也. 勢機動而不能圖, 非賢也. 情機發而不能行, 非勇也. 善爲將者, 必因機以立勝也.

# 위엄 있는 형벌

오기는, "종과 목탁을 두드리는 것은 청각적으로 위엄을 보이는 방법이요, 각종 깃발은 시각적으로 위엄을 보이는 방법이며, 명령과 형벌은 심적으로 위엄을 보이는 방법이다. 청각적 위엄은 소리를 쓰니 맑지 않으면 안 되고, 시각적인 위엄은 모습을 쓰니 분명하지 않으면 아니 되고, 심적인 위엄은 형벌을 쓰니 엄하지 않으면 아니 된다"고 하였다. 이 세 가지가 바르지 않으면 해가 기다린다. 그러므로, "장군의 지휘 깃발은 반드시 이동해야 하며, 장군이 지시하는 바는 반드시 면밀해야 하며, 장군이 기약하는 바는 반드시 죽으려는 각오이어야 한다"라고 말하는 것이다.

## 重 刑

吳起曰, 鼓鼙金鐸, 所以威耳. 旌旄旗幟, 所以威目. 禁令刑罰, 所以威心. 耳威以聲, 不可不淸, 目威以容, 不可不明, 心威

以刑, 不可不嚴. 此三者不善, 害可待也. 故曰, 將之所麾, 莫不
必移, 將之所指, 莫不必至, 將之所期, 莫不必死也.

# 훌륭한 장군

옛날 훌륭한 장군은 기본 법도가 있었다. 나아가고 물러날 곳을 보여 금하는 것을 알게 하며, 덕과 의를 펼쳐 예를 알게 하며, 시비를 엄히 가려 실행할 바를 알게 하며, 상과 벌로 명령하여 믿음을 가지게 하였으니, 금함과 예와 실행과 믿음이 군대의 큰 법도이다. 그러므로 싸움에 반드시 이겨 적을 물리칠 수 있었다. 보통의 대중은 그렇지 아니하니, 물러나되 그칠 줄 모르고, 나아가되 멈출 줄 모르며, 선악을 혼동하여 경계할 바와 권면할 바를 모른다. 상과 벌이 공정하지 못하면 사람들이 신임하지 못하니 현명한 이는 물러나 숨고 아첨꾼이 등용된다. 이 때문에 싸움에선 반드시 지고 흩어진다.


善　將


古之善將者, 有大經. 示之以進退而人知禁, 陳之以德義而人

知禮, 重之以是非而人知動, 令之以賞罰而人知信. 禁禮動信,
師之大經也. 故能戰必勝, 敵必取也. 庸衆不然, 退而不能止, 進
而不能禁, 善惡混同, 士無誠勸, 賞罰不均, 人不知信, 故賢良退
伏而諂諛進用, 是以戰必敗散也.

# 방법의 체득

사람들의 형세로써 악인을 정벌한 점에서는 아무도 황제와 위엄을 다툴 수 없고, 사람들의 힘으로써 승리한 점에서는 아무도 탕왕이나 무왕과 공을 다툴 수 없다. 방법을 분명히 알고 거기에 위엄과 신임을 더한다면, 만인 가운데의 영웅을 얻을 수 있고 천하의 호걸을 제압할 수 있다.

## 審 因

夫因人之勢以伐惡, 則黃帝不能如爭威矣. 因人之力以決勝, 湯武不能與爭功矣. 善以審因而加之威信, 則萬夫之雄者可圖, 而四海之英豪可制矣.

# 하늘의 형세

　　군대 운용에는 세 가지 형세가 있으니, 첫째는 하늘의 형세요, 둘째는 땅의 형세이며, 셋째는 사람의 형세이다. 하늘의 형세란 일월이 청명하고 다섯 별들이 정상 운행하며 혜성이 나타나지 않고 바람과 기운이 순조로운 것을 말한다. 땅의 형세란 험하고 특수한 지형으로서, 혹은 석문(石文)과 깊은 동굴과 구불구불하고 험한 요충지이거나, 혹은 높고 험한 산과 첩첩이 싸인 절벽에 큰 물길이 천리만큼이나 흐르는 곳을 말한다. 사람의 형세란, 주군은 성인답고 장군은 현명하며 대군은 예를 지키고 병졸은 명령을 따르며 군량과 무기가 잘 갖춰짐을 말한다. 훌륭한 장군은 하늘의 때에 따라 땅의 형세를 취하고 사람들의 편리함에 의존하니, 그리하면 향하는 곳에는 대적할 자 없고 공격함은 완전무결하다.

# 天　勢

　　夫行師之勢有三焉. 一曰天, 二曰地, 三曰人. 天勢者, 謂日月清明, 五星合度, 彗孛不生, 風氣順調. 地勢者, 謂險易形殊, 或石門幽洞, 羊腸險要, 或峻嶺重巖, 洪流千里. 人勢者, 謂主聖將賢, 三軍有禮, 士卒用命, 糧甲堅備也. 善將者, 因天之時, 就地之勢, 依人之利, 則所向者無敵, 所擊者萬全矣.

# 승 패

　현인이 위에 있고 못난 이가 아래에 있으면 전군이 좋아
하며 병졸이 두려워한다. 함께 용기 있게 싸울 것을 논의하
고 위엄 지니기를 다투며 형벌로 권면한다면, 이는 필승의
조짐이다. 전군이 자주 놀라고 병졸이 나태하며, 아래에선
예절과 믿음이 없고 사람마다 법을 겁내지 아니하며, 적을
두려워하고 이익만을 이야기하며, 화를 피하고 복받기만을
바라고 요사스런 말에 홀린다면, 이는 필패의 조짐이다.

## 勝 敗

　賢才居上, 不肖居下, 三軍悅樂, 士卒畏懼. 相議以勇鬪, 相
望以威武, 相勸以刑罰, 此必勝之徵也. 三軍數驚, 士卒惰慢, 下
無禮信, 人不畏法, 相恐以敵, 相語以利, 相囑以禍福, 相惑以妖
言, 此必敗之徵也.

# 권한의 사용

　무릇 장군이란 남의 생명이 달린 존재요, 성패를 결정하는 존재이며, 화복을 좌우하는 존재이다. 그런데도 위에서 상벌을 이용하지 않는다면, 이는 원숭이의 손을 묶고 민첩하게 뛰어오르라고 독촉하며, 밝은 눈을 지녔던 이루(離婁)에게 눈을 감게 하고 청색과 황색을 구별하라 하는 것과 같이 불가능하다. 만약 권세 있는 신하에게만 상을 내리고 장군이라고 벌을 주지 않는다면, 사람들은 구차하게 자신의 이익만을 구할 터이니, 누가 싸우려는 마음을 가지겠는가? 비록 이여(伊呂)의 계략과 한백(韓白)의 공이 있다고 해도 지켜내지 못할 것이다. 그러므로 손무도, "장군은 출전하여서는 임금의 명령도 받지 않을 수 있다"고 말하였고, 아부(亞夫)도, "군중에서는 장군의 명령을 따르고 천자의 명령을 따르지 않는다"라고 말했다.

## 假　權

夫將者, 人命之所懸也, 成敗之所繫也, 禍福之所倚也. 而上不假之以賞罰, 亦猶束猿猿之手而責之以勝捷. 膠離婁之目而使之辯靑黃, 不可得也. 若賞在權臣, 罰不由將, 人苟自利, 誰懷鬪心, 雖伊呂之謀, 韓百之功, 不能者衛也. 故孫武曰, 將之出也, 君命有所不受. 亞夫曰, 軍中聞將軍令, 不聞有天子之詔也.

# 죽은 자에 대한 애도

옛날의 훌륭한 장군은 남을 양육하기를 사랑하는 아들을 양육하듯이 하였다. 어려운 일은 스스로 앞서 행하고, 공은 뒤에 차지하며, 상처입은 이는 흐느끼며 어루만져주고, 죽은 이는 슬퍼하며 장사지내주며, 굶주리는 이에게는 밥을 먹여주고, 추위에 떠는 이에게는 옷을 벗어 입혀주며, 현명한 이에게는 예를 갖추어 봉록을 주고, 용감한 이에게는 상을 주어 면려하였다. 장군이 이와 같을 수 있다면 가는 곳마다 반드시 승리할 것이다.


哀　死


古之善將者, 養其人如養愛子. 有難則以身先之, 有功則以身後之, 傷者泣而撫之, 死者哀而葬之, 饑者捨食而飼之, 寒者解衣而衣之, 賢者禮而祿之, 勇者賞而勸之. 將能若此, 則所向必捷矣.

# 세 등급의 빈객

무릇 대군의 운영에는 반드시 빈객이 있어 함께 득실을 논의하여 장군을 도와주게 마련이다. 생각은 마치 폭포수와도 같고 기발한 책략은 미루어 헤아릴 수 없으며, 견문은 넓고 기예와 재주가 많은 사람, 이런 이는 만인이 바라는 이로서 상급의 빈객이다. 곰이나 범처럼 용맹하며 민첩하기는 나는 원숭이 같고, 굳세기는 쇠나 바위 같으며 날카롭기는 명검인 용천(龍泉)과도 같은 사람, 이런 이는 한때의 영웅으로서 다음 등급의 빈객이다. 많은 말을 하여 간혹 적중하고 능력은 박하나 약간은 기이한 데가 있는 이, 이런 이는 보통 사람의 능력을 지닌 자로서 하급의 빈객으로 삼을 수 있다.


## 三 賓

夫三軍之行也, 必有賓客, 共議得失, 以資將用. 有思若懸泉, 奇謀不測, 博聞廣見, 多藝碩才者, 此萬人之望, 可以爲上賓. 有猛如熊虎，捷若騰猿，剛若鐵石，利若龍泉，此一時之雄也，可以爲次賓．有多言或中，薄能小奇，此常人之能，可引爲下賓．

# 사전의 대응

쉬울 때에 어려워질 것을 미리 처리하고 작은 일일 때 커질 일을 해결하며 상을 먼저 내린 후에 형벌을 쓰는 일, 이는 용병의 묘책이다. 군사를 배열하고 기병을 내달리게 하고 강한 활을 쏘게 하고 보병으로 교전케 하며 위세를 떨치고 신뢰를 얻어 적군을 항복시키는 일, 이는 용병에서의 유능함이다. 친히 화살과 돌 속을 뚫고 나아가 적과 상대하되 승패는 반반이며 피아간에 사상을 당하는 일, 이는 용병에서의 하류이다.


設　應


若乃圖難於易, 爲大於小, 先用賞, 後用刑, 此用兵之妙也. 師徒已列, 戎騎交馳, 强弩裳臨, 短兵又接, 乘威布信, 敵人告降, 此用兵之能也. 身衝矢石, 爭勝相對, 成敗各分, 彼傷我死, 此用兵之下也.

# 유리한 것

무릇 초목이 총총히 자란 곳은 숨기에 유리하고, 첩첩이 막힌 산림은 불의의 공격에 유리하며, 밝게 개 환한 날씨는 용맹한 힘을 발휘하기에 유리하고, 좁은 길에 풀이 깊이 자란 곳은 잠복하기 유리하다. 소수로 다수를 치기에는 저녁때가 유리하고, 다수로 소수를 공격하기에는 새벽이 유리하다. 멀리 나가는 활과 긴 무기는 속전에 유리하고, 못 건너편에 큰바람이 불고 어두컴컴하면 앞을 공격하고 뒤를 사로잡기에 유리하다.

## 便 利

夫草木叢集, 利以遊逸. 重塞山林, 利以不意. 晴明無隱, 利以勇力. 隘途深草, 利以潛伏. 以少擊衆, 利以日暮. 以衆擊寡, 利以淸晨. 强弩長兵, 利以捷次. 踰淵隔水, 大風暗昧, 利以搏前擒後也.

# 임기응변

무릇 필승의 방법과 변화에 부합하는 일은 기회를 봄에
있으니, 지혜로운 자가 아니라면 그 누가 기회와 함께하겠는
가? 기회란 뜻밖의 경우보다 더 잘 보이는 경우가 없다. 맹
호도 무리에서 벗어나면 아이가 창을 끌며 뒤쫓고, 벌과 전
갈이 소매 속에 들어오면 장사라도 당황하여 표정이 굳어진
다. 뜻하지 않은 데에서 화가 발생했기 때문이며 생각 외로
변화가 빨랐기 때문이다.


## 應 機


夫必勝之術, 合變之形, 在於機也. 非智者孰能與於此乎. 見
機之道, 莫大於不意, 故猛虎失隊, 童子曳戟而追之. 蜂蠆入袖,
壯夫恛惶而生色, 以其禍出不圖, 變速非慮也.

# 능력을 헤아리는 일

옛날에 용병에 뛰어났던 이들은 능력을 헤아려 승부를 예측하였다. 주군은 어느 쪽이 성인다운가? 장군은 어느 쪽이 현명한가? 관리는 어느 쪽이 능력 있는가? 군량은 어느 쪽이 풍부한가? 병졸은 어느 쪽이 숙련됐는가? 군용은 어느 쪽이 정돈됐는가? 군마는 어느 쪽이 잘 달리는가? 지형은 어느 쪽이 더 험한가? 빈객은 어느 쪽이 더 지혜로운가? 이웃 나라는 어느 쪽을 더 두려워하는가? 재물은 어느 쪽이 더 많은가? 백성은 어느 쪽이 더 편안한가? 이들을 보면 강세와 약세를 판결할 수 있다.

揣 能

故之善用兵者, 揣其能而料其勝負, 主孰聖也, 將孰賢也, 吏孰能也, 糧餉孰豊也, 士卒孰練也, 軍容孰整也, 戎馬孰逸也, 形勢孰險也, 賓客孰智也, 鄰國孰懼也, 財貨孰多也, 百姓孰安也. 由此觀之, 强弱之形, 可以決矣.

# 쉽게 싸우기 위한 것

  독충이 무엇을 건드리는 것은 그 독을 믿어서이고, 전사
가 용감한 것은 대비한 것을 믿어서이다. 그러하니 칼날이
날카롭고 갑옷이 단단하다면 사람들은 싸우기를 가벼이 여
길 것이다. 갑옷이 단단하고 촘촘하지 않으면 맨살과 다름이
없고, 화살이 멀리 나가지 않으면 짧은 무기와 다름없으며,
쏘되 맞추지 못하면 무기가 없는 것과 같고, 정탐이 조심스
럽지 않다면 눈이 없는 것과 같고, 싸우되 용맹스럽지 못한
장군은 없는 것과 같다.

## 輕　戰

  螫蟲之觸, 負其毒也. 戰士能勇, 恃其備也. 所以鋒銳甲堅,
則人輕戰. 故甲不堅密, 與肉袒同. 弩不及遠, 與短兵同. 射不能
中, 與無兵同. 探候不謹, 與無目同. 將鬪不勇, 如無將同.

# 지 세

　무릇 지세란 싸움을 돕는 것이니, 싸움터를 이해하지 못하고서 이긴 경우는 없다. 산림의 바위 쌓인 곳이나 언덕과 큰 강가, 이는 보병의 싸움터이다. 평원과 작은 언덕이 이어진 곳, 이는 전차와 기병의 싸움터이다. 골짜기나 키 큰 나무들이 자란 깊은 계곡, 이는 활을 사용할 곳이다. 풀은 짧고 땅은 평평하여 전후진이 가능한 곳, 이는 긴 창을 쓸 곳이다. 갈대가 하늘을 찌르고 대나무와 잡목이 어우러진 곳, 이는 창을 쓸 곳이다.

## 地 勢

　夫地勢者, 兵之助也, 不知戰地而求勝者, 未之有也. 山林積石, 丘阜大川, 此步兵之地. 平原小坡, 蔓衍相屬, 此車騎之地. 依山附澗, 高林深谷, 此弓弩之地. 草淺土平, 可前可後, 此長戟之地. 蘆葦相交, 竹樹交暎, 此鎗矛之地.

# 정 세

무릇 장군 중에는 용감하나 죽음을 가벼이 여기는 자도 있고, 위급한 때에 마음만 급한 자도 있으며, 욕심 많아 이익을 좋아하는 자도 있고, 어질어서 차마 잔인하지 못한 자도 있으며, 지략은 있으나 마음이 비겁한 자도 있고, 지략은 있으나 마음이 느슨한 자도 있다. 그러므로 용감하나 죽음을 가벼이 여기는 자에게는 사납게 굴면 되고, 위급한 때에 마음만 급한 자에게는 장기전을 펴면 되며, 욕심 많아 이익을 좋아하는 자에게는 뇌물을 보내면 되고, 어질어서 잔인하지 못한 자에게는 수고롭게 하면 되며, 지략은 있으나 마음이 비겁한 자는 몰아붙여 괴롭히면 되고, 지략은 있으나 마음이 느슨한 자는 습격하면 된다.


情 勢


夫將有勇而輕死者, 有急而心速者, 有貪而喜利者, 有仁而不忍者，有智而心怯者，有智而心緩者．是故勇而輕死者可暴也．
急而心速者可久也，貪而喜利者可遺也，仁而不忍者可勞也，智
而心怯者可窘也，智而心緩者可襲也．

# 공격할 형세

옛날의 훌륭한 장군은 먼저 적정을 탐문한 연후에 꾀한
다. 군사는 늙고 양식은 떨어졌고, 백성은 근심하고 원망하
며, 질병에 걸린 이가 많은 데다, 미리 선 계획은 없고, 기계
는 정비되지 않았으며, 병졸은 훈련하지 않고, 밖으로 구원
병은 오지 않고, 길은 멀고 해는 지는데, 병사들은 힘들고 피
곤하며, 장군은 박덕하고 관리는 경솔하며, 느슨하여 대비함
이 없으며, 나아감에는 진을 칠 틈도 없고, 진을 쳐도 바로
치지 못하고, 언덕과 험지를 올라가면서 반은 노출되고 반은
은폐되며, 강을 건너면서는 깃발도 산란하며, 장군과 병졸이
마음이 맞지 않고, 승전으로 교만해진 데다, 진을 쳐도 질서
가 없으며, 병사는 피로하고 놀란 데다, 군대는 먹이나 군중
을 먹이지 않으며, 제멋대로 가다가 제멋대로 멈추고, 앞서
기도 했다가 물러나기도 한다면, 의심치 말고 공격할지어다.
만약 위로는 경건하고 아래로는 은혜로우며, 상벌을 믿음 있
고 엄하게 하며, 힘써 노력하며 군열 중에 나아가고, 현명하

고 유능한 이를 임명하여 부리고, 군대는 공손하고 예절을
지키고, 무기는 날카롭고 견고하며, 양식은 넉넉하고, 정령
은 견실하며, 사방 이웃과는 화목하고, 대국이 지원한다면,
만약 적이 이와 같다면, 군대를 이끌고 피할지어다.


## 擊 勢


故之善將者, 先探敵情, 然後圖之. 師老糧絶, 百姓愁怨, 人
多疾疫, 計不先設, 器械不修, 卒不習練, 外救不至, 途遠日暮,
士卒勞倦, 將薄吏輕, 懈不設備, 進不暇陳, 陳而未定, 行阪涉
險, 半隱半出, 踰津越河, 旌旗散亂, 將士相違, 戰勝而驕, 行陳
失次, 兵疲而驚, 大軍雖給而衆未食, 自行自止, 或前或卻, 擊之
無疑, 若上虔下惠, 信賞必罰, 陳力就列, 任賢使能, 師恭而禮,
甲兵堅利, 糧備有餘, 政敎不虛, 四鄰和睦, 大國應援, 敵人有
此, 引而避之.

# 정돈된 군대

　무릇 출병하여 행군할 때에는 잘 정돈되면 승리한다. 만약 상과 벌이 분명치 않고 법령에 믿음성이 없으며 종을 쳐도 멈추지 않고 북을 두드려도 진격하지 않는다면 비록 백만의 군사라 하여도 쓸모가 없다. 이른바 정돈된 군대란 평상시에는 예절에 맞고 출동해서는 위엄이 있는 군대로서 진격할 때는 막을 수 없고 물러날 때에도 쫓을 수 없다. 앞과 뒤가 모두 통제에 따르고 좌우가 지휘에 따르니, 위험 없이 안전하고 다수로 뭉치기는 하여도 흩어지지는 않으며, 부리어도 피곤해하지 않는다.


## 整　師


　夫出師行軍, 以整爲勝. 若賞罰不明, 法令不信, 金之不止, 鼓之不進. 雖百萬之師, 無益於用. 所謂整師者, 居則有禮, 動則有威, 進不可當, 退不可追, 前後應節, 左右應麾, 與之安不與之危, 其衆可合而不可離, 可用而不可疲也.

# 병사의 격려

무릇 사람을 부리는 일에 옳은 길이 있다. 작위로 높여주고 재물로 넉넉하게 해주면 병사들은 모두 모여든다. 예절에 따라 상대하고 말로 격려하면 병사들은 모두 목숨을 바친다. 휴식시켜 피곤하지 않게 하고 법령을 하나같이 적용하면 병사들은 모두 복종한다. 자신이 솔선수범한 연후에 남에게 시키면 병사들은 모두 용감해진다. 자그마한 훌륭함도 반드시 기록하고 작은 공도 반드시 상을 주면 병사들은 모두 힘쓸 것이다.

## 勵 士

夫用人之道, 尊之以爵, 瞻之以財, 則士無不至矣. 接之以禮, 勵之以言, 則士夫不死矣. 畜息不倦, 法令畫一, 則士無不服矣. 先之以身, 後之以人, 則士無不勇矣. 小善必録, 小功必賞, 則士無不勸矣.

남은 오로지 적당한 때를 따를 것이며 군영의 일은 나의 명을 듣지 말고 모두 장군이 내리시오. 그리하면 위로는 하늘도 없고 아래로는 땅도 없으며 앞에는 적도 없고 뒤에는 주군도 없으리라. 그리하여 지자(智者)는 사려할 것이요, 용자(勇者)는 싸우리라. 그러므로 밖으로는 싸움에서 승리하고 안으로는 공을 세워, 후대에도 이름을 날리고 자손에게까지 복이 이어지리라."

## 出 師

古者, 國有難, 君簡賢而使之, 齋三日, 入廟門, 面南立, 將北面, 太師進斧鉞於君. 君持斧鉞, 以柄授於將曰, 闔外. 將軍裁之, 復命曰, 見其虛則進, 見其實則止. 勿以身貴而賤人, 勿以獨見而違衆, 勿以巧佞而違忠信. 士未坐勿坐, 士未食勿食. 同寒暑, 等勞逸, 齊甘苦, 均危患. 此則士必盡命, 敵必可亡. 將受詞訖, 鑿凶門引軍而出. 君送之跪而捧轂曰, 進退維時, 軍中之事, 不聞君命, 皆由將出. 若此, 則無天於上, 無地於下, 無敵於前, 無主於後. 是以智者爲之慮, 勇者爲之鬪. 故戰勝於外, 立功於內, 揚名於後代, 福延及於子孫.

# 인재의 선택

　무릇 군대를 운용할 때에, 싸움하기를 좋아하고 즐겨 혼자서도 강적을 이기는 이들이 있으니 그들을 하나로 모아 보국 부대(報國之士)라고 부른다. 기세가 대군을 압도하고 재주와 힘이 있고 용감하고 민첩한 이들이 있으니 그들을 하나로 모아 돌격 부대(突陣之士)라고 부른다. 발이 가벼워 잘 달리는 말과 같은 이들이 있으니 그들을 하나로 모아 깃발 부대(搴旗之士)라고 부른다. 말을 타며 활쏘기를 하고, 목표물을 잘 맞히는 이들이 있으니 그들을 하나로 모아 선봉 부대(爭鋒之士)라고 부른다. 쏘면 반드시 맞히고 맞히면 반드시 치명상을 입히는 이들이 있으니 그들을 하나로 모아 쾌속 부대(飛馳之士)라고 부른다. 강한 활을 잘 쏘며 먼 곳의 것도 잘 맞히는 이가 있으니 그들을 하나로 모아 저격 부대(摧鋒之士)라고 부른다. 이들은 뛰어난 여섯 부대로서 그 능력에 따른 것이다.

# 스스로 힘쓸 일

무릇 성인은 하늘을 법삼고, 현인은 땅을 법삼으며, 지자(智者)는 옛길을 따른다. 교만한 자에게는 비방이 따르고, 태만한 자에게는 화가 미치며, 말이 많은 자는 믿어주지 않는다. 자기만을 챙기는 이는 은혜받지 못하며, 공이 없는 이에게 상 주는 이는 사람들이 떠나가고, 죄 없는 이를 벌하는 이는 사람들이 원망하며, 희로애락이 변덕스러운 이는 멸망한다.


## 自 勉

夫聖人則天, 賢人法地, 智者順古, 驕者毁至, 慢者禍及, 多語者寡信, 自奉者少恩, 賞無功者離, 罰無罪者怨, 喜怒不常者滅.

# 전투의 방법


정벌하는 전투에서는 낮에는 깃발을 넓게 펼치고, 밤에는 횃불과 북소리를 넓게 펼치며, 짧은 무기를 잘 이용하며, 교묘히 매복하고, 때론 앞에서 공격하고 때론 뒤에서 공격해야 한다. 어우러져 싸울 때는 칼과 방패를 사용해야 하며, 후방을 꾀하고 싶으면 먼저 길을 넓히어 십리마다 마당을 만들고 오 리마다 흙을 쌓아 거리를 표시하며, 깃발을 거두어들이고 징소리와 북소리로 때를 통제하여 적으로 하여금 손 놀릴 틈을 주지 않아야 한다. 계곡에서 싸울 때는 교묘히 매복하고 용맹하게 싸워야 하니, 발이 빠른 군사는 높은 곳에 오르게 하고 죽음을 각오한 군사는 후방에 서게 하며, 활 잘 쏘는 군사들에게 공격하게 하고 짧은 무기를 지닌 군사에게 뒤따르게 함으로써 적군이 나서지 못하게 하고 아군은 물러서지 못하게 해야 한다. 물에서 싸울 때는 배를 잘 몰아야 하니, 훈련받아 익숙한 군사에게 배를 타게 하고 깃발을 무수히 펼쳐 적을 혼란스럽게 하며, 멀리 나가는 활을 쏘아 맞히고 짧은

무기를 가진 군사로 하여금 호위하게 하며, 단단한 말뚝을
설치하여 방어하게 하고 물길을 따라 격파해야 한다. 밤에
싸울 때는 기밀을 유지해야 하니, 때로는 군사를 숨기고 재
갈을 물리어 적이 뜻하지 않게 공격해야 하며, 때로는 많은
횃불과 큰 북소리로써 적의 이목을 혼란시키고서 달려나가
공격해야 한다. 그리하면 승리할 수 있다.


## 戰　道


征戰之道, 晝廣旌旗, 夜廣火鼓, 利用短兵, 巧在奇伏, 或發
於前, 或發於後. 聚戰之道, 利用劍楯, 將欲圖後, 先廣其路, 十
里一場, 五里以堠, 偃戢旗旌, 時節金鼓, 令敵人無所措手足. 谷
戰之道, 巧於設伏, 利在勇鬪, 輕足之士凌其高, 必死之士殿其
後, 列强弩以衝之, 持短兵以繼之, 彼不得前, 我不得往. 水戰之
道, 利在舟楫, 簡練習之士以乘之, 多張旗幟以惑之, 發强弩以
中之, 持短兵以捍之, 設堅棚以衛之, 順其流以擊之. 夜戰之道,
利在機密, 或潛師銜枚, 出其不意, 或多以火鼓, 亂其耳目, 馳而
攻之, 可以勝矣.

# 인 화

무릇 병사를 부릴 때는 인화가 요체이다. 인화가 이루어
지면 권하지 않아도 자진하여 싸운다. 만약 관리와 병졸이
서로 의심하고 군사와 무기가 맞지 않으며 충심 어린 계략을
받아들이지 못하고 소인배들이 뒤에서 수군거리며 비방과
간특한 일이 싹튼다면 비록 탕왕이나 무왕과 같은 지혜를 갖
추었어도 필부에게조차 승리할 수 없으니 하물며 다수의 적
에게야! 그러므로 책에서 이르길, "병사란 불과 같아서 거두
어들이지 않으면 스스로 타버린다"라고 하였다.

## 和 人

夫用兵之道, 要在和人. 人和則不勸而者戰矣. 若吏卒相猜,
士戎不附, 忠謀不納, 群小暗議, 謗慝芽生, 雖有湯武之智, 而不
能取勝於匹夫, 況其衆乎. 故傳曰, 兵猶火也, 不戢, 將自焚矣.

# 정황의 파악

무릇 군대란 정황에 따라 움직인다. 가까이 있으면서도 조용하다면 험난한 지세를 믿고 있는 것이요, 멀리 있으면서 도전해온다면 나서주기를 바라는 것이다. 뭇 나무가 흔들리면 공격해오는 것이요, 먼지가 낮고 넓게 깔리면 걸어오는 것이고, 높고 날카로우면 전차가 오는 것이다. 말을 강경하게 하면서 달려나오면 퇴각하려는 것이고, 말을 낮추며 더욱 방비함은 공격하려는 것이다. 반은 나서고 반은 물러난다면 유인하려는 것이요, 지팡이를 지고 가면 굶주리는 것이다. 이익을 보면서 나서지 않으면 피로한 것이요, 새떼처럼 모여 있다면 비어 있는 것이다. 밤에 소리지르는 것은 두려워서이며, 군이 흔들리는 것은 장군이 시원치 않아서이다. 깃발이 흔들리는 것은 어지러워서이고, 관리가 화를 내는 것은 피로해서이다. 빈번히 상을 내리는 것은 궁박해서이고, 벌받을까 걱정하는 것은 피곤해서이다. 전에는 사납다가 뒤에는 다수임을 겁내는 것은 지극히 정예롭지 못한 때문이다. 사죄의

사절을 보내온다면 쉬고 싶어하는 것이요, 선물이 과중하고
말이 달콤하다면 아군을 유인하려는 것이다.


## 察 情


夫兵起於情, 近而靜者, 恃其險也. 遠而挑戰者, 欲人之進也,
衆樹動者來也, 塵卑而廣者徒來也, 高而銳者車來也, 辭强而進
驅者退也. 卑而益備者進也, 半進半退者誘也, 杖而行者饑也,
見利而不進者勞也, 鳥集者虛也, 夜呼者恐也, 軍擾者將不重也,
旌旗動者亂也, 吏怒者倦也, 數賞者窘也, 思罰者困也, 先暴而
後畏其衆者, 不精之至也. 來委謝者, 欲休息也, 幣重而言甘者,
誘我也.

# 장군의 마음

　무릇 장군으로서의 길이 있다. 우물에 물이 부족해도 장군은 목마르다 말하지 않고, 군량이 마련되지 않아도 장군은 배고프다 말하지 않는다. 군의 연료가 부족해도 장군은 춥다고 말하지 않고, 장막이 마련되지 않아도 장군은 덥다고 말하지 않는다. 여름에도 부채를 지니지 않고 겨울에도 털옷을 입지 않는다. 비가 와도 우산을 펴지 않고 군사들과 같이한다.


將　情


　夫爲將之道, 軍井未汲, 將不言渴, 軍米未炊, 將不言饑, 軍火未燃, 將不言寒, 軍幕未拽, 將不言熱. 夏不操扇, 冬不服裘, 雨不張蓋, 與衆同也.

# 위엄 있는 명령

한 개인의 몸으로서 백만의 대중으로 하여금 어깨를 움츠린 채 휴식하길 구하고 바로 서서 고개 숙여 명령을 들으면서 아무도 감히 올려다보지 못하는 것은 법제가 그리 만든 것이다. 만약 위에서 형벌을 내리지 않으면 아래에선 예의가 없게 된다. 비록 천하를 소유한 귀한 신분과 부유함이 있다 하여도 스스로 힘쓰지 않는다면 폭군인 걸임금이나 주임금의 부류이다. 필부로서 군대를 거느리는 권한을 지니고 법령으로 규제하고 상벌로서 위엄을 유지하여 아무도 그 명에 거역하지 못하게 한다면 손무(孫武)나 양저(穰詛)의 부류이다. 그러므로 법령은 가벼이해서는 안 되며, 위엄이란 거슬러서는 안 된다.

## 威 令

夫一人之身, 百萬之衆, 束肩斂息, 重足俯聽, 莫敢仰視, 法

制使然也. 若乃上無刑罰, 下無禮義, 雖貴有天下, 富有四海, 而
不能自免者, 桀紂之類是也. 匹夫操兵之權, 制之以法令, 威之
以賞罰, 而人不能逆其命者, 孫武穰苴之類是也. 故令不可輕,
勢不可逆也.

# 동 이

동이인의 본성은 예가 박약하고 의로움이 적으며 사납고 급하며 싸움을 잘한다. 산에 의지하고 바다를 해자(垓字)로 삼으며 험지를 근거지로 하여 자신을 견고히한다. 군신간에 화목하고 백성들이 안락하게 지낼 때는 공략할 수 없으나, 위의 계층이 어지러워 아래 계층의 마음이 이반되면 이간시킬 수 있다. 이간이 이루어지면 틈이 벌어지고 틈이 벌어졌을 때 덕을 쌓아 불러들이고 무기와 갑옷을 견고히하여 공격한다면 반드시 승리한다.

## 東 夷

東夷之性, 薄禮少義, 悍急能鬪, 依山塹海, 憑險自固. 若君臣和睦, 黎民安樂, 不可圖也. 上亂下離, 則可以行間, 間起則隙生, 隙生則修德以來之, 固兵甲以擊之, 其勢必剋也.

# 서 융

  서융인의 본성은 용감하고 사나우며 이익을 좋아한다. 혹은 성에 거처하고 혹은 들에 거처하는데, 양식은 적어도 금 붙이가 많아 사람들이 용감하니 싸움에 쉽사리 지지 않는다. 적석산(積石山) 서쪽의 여러 융족은 종족이 다양하고 땅은 넓으며, 지형이 험하고 풍속은 강팍하다. 그래서 사람들은 신하가 되지 않는다. 외부의 빈틈과 내부의 어지러움을 기다린다면 격파할 수 있다.


## 西 戎


  西戎之性, 勇悍好利, 或城居, 或野處, 米糧少, 金貝多, 故人勇, 戰鬪難敗. 其積石以西諸戎, 種繁地廣, 形險俗負强狠, 故人多不臣, 當候之以外釁, 伺之以內亂, 則可破矣.

# 남 만

남만인은 종족이 많다. 본성은 가르침을 따르지 않으며
연합하여 붕당을 이루나 뜻대로 되지 않으면 배반한다. 동굴
에 거처하며 산에 의지한다. 혹은 모여 지내고 혹은 흩어져
지낸다. 서쪽으로는 곤륜산까지 등쪽으로는 바다에까지 이
르는데 기이한 재화가 생산된다. 그래서 사람들은 욕심이 많
고 싸움에는 용감하다. 봄과 여름어는 질병이 많아 속전속결
이 유리하고 오랫동안 군대를 동원해서는 아니 된다.

## 南 蠻

南蠻多種, 性不帥敎, 連合朋黨, 失意則叛, 居洞依山, 或聚
或散. 西至崑崙, 東至洋海, 産奇貨. 故人貪而勇戰. 春夏多瘴
疫, 利在疾鬪, 不可久師也.

# 강 적


　강적인은 성곽 없이 거주하는데 수초가 자라는 곳을 따라 다닌다. 형세가 유리하면 남침하고 형세가 불리하면 스스로 물러난다. 긴 산맥이 널리 이어져 스스로를 방어하기에 족하다. 배고프면 짐승을 잡고 우유를 마시며, 추우면 모피를 덮고 자고 털옷을 입는다. 내달리며 활로 사냥하면서 살상에 힘쓰니 도덕으로 묶어둘 수 없으며 무기로 굴복시킬 수 없다. 한인(漢人)은 그들과 싸우지 않으니 대략 세 가지 이유에서이다. 한인 군사는 한편으로 농사지으며 한편으로 싸움하니 피로하고 겁이 많다. 강적의 기병은 한편으로 목축하고 한편으로 사냥하니 편안하고 용감하다. 피로한 군사로 편안한 군사를 대적하며 겁 많은 군사로 용감한 군사를 대적하자니 맞붙어 싸우지 않게 된다. 이것이 싸워서는 안 될 첫째 이유이다. 한인은 보병술에 능하여 하루에 백 리를 달리나 강적인은 기마술에 능하여 하루에 그 배를 달린다. 한인이 강적인을 쫓을 때는 군량을 운반하며 갑옷을 짊어지고 따르게 되나, 강적인이 한인을 쫓을 때는 빠른 말로 멀리 몰며 운반한다. 운반하고 짊어지는 형세가 이미 현저히 다르며 쫓고 쫓기는 형세가 같지 않다. 이것이 싸워서는 안 될 두번째 이유이다. 한인은 싸울 때 도보 이용이 많고 강적인은 싸울 때 말을 많이 탄다. 땅을 다투는 형세에서 말을 타는 것과 걷는 것은 속도가 현저히 차이난다. 이것이 싸워서는 안 될 세번째 이유이다. 부득이할 때는 변방을 지키는 것만한 것이 없으니, 변방을 지키는 방법은 훌륭한 장군을 가려 뽑아 그에게 맡기며 정예로운 병사를 훈계하여 방어하게 하고, 공전(公田)을 넓혀 실속 있게 하고 병졸을 훈련시켜 방비하게 하며, 많은 방책을 내어 그들을 오도하고 빈틈을 타 이간시키는 것이다. 그리고 그들이 쇠한 기회를 타 공격한다면 나라의 비용을 소모하지 않고도 강적에게 승리를 거두고, 사람들을 피로하게 하지 않아도 강적은 조용해진다.


## 羌 狄


羌狄居無城郭, 隨逐水草, 勢利則南侵, 勢失則自引去, 長山廣積, 足以自衛. 饑則捕獸飮乳, 寒則寢皮服裘, 奔走射獵, 以殺爲務, 未可以道德綏之, 未可以兵革服之. 漢不與戰, 其略有三. 漢軍且耕且戰, 故疲而怯, 狄騎且牧且獵, 則逸而勇以疲敵逸, 以怯敵勇, 不相鬪. 此其不可戰一也. 漢長於步, 日馳百里, 狄長於騎, 日行倍之, 漢逐狄, 則運糧負甲而隨之, 狄逐漢, 則長驅疾騎而運之. 運負之勢已殊, 走逐之形不等, 此其不可戰二也. 漢戰多步, 狄戰多騎, 爭地之形勢, 則騎與步, 遲疾勢懸, 此其不可戰三也. 不得已則莫若守邊. 守邊之道, 揀長將而任之, 訓銳士而禦之, 廣公田而實之, 練士卒以防之, 多方策以誤之, 候其隙以間之, 乘其衰以擊之, 則國不費而狄已剋矣, 人不疲而狄已靜矣.

# 제갈량 연보

181    한(漢) 영제(靈帝), 광화(光和) 4년 출생(1세)

조조(曹操) 27세, 유비(劉備) 21세, 주유(周瑜) 7세,

방통(龐統) 3세, 손권(孫權) 출생.

184    중평(中平) 원년(4세)

3월, 장각(張角)이 천공장군(天公將軍)이라 자칭하며

황건적을 이끌고 전국을 휩쓸며 중원에 들어와 낙양

을 위협함.

6월, 익주의 마상(馬相)과 조지(趙祗)가 면죽(綿竹)

에서 반란을 일으킴.

7월, 장수(張修)가 '오두미사(五斗米師)'라 칭하며

반란을 일으킴.

조조가 기도위(騎都尉)가 되어 황보숭(皇甫嵩)과 협

력하여 황건적을 진압함. 유비는 중산(中山)의 대상

(大商)인 장세평(張世平)과 소쌍(蘇雙)의 지원으로

관우·장비와 함께 황건적을 진압하고 그 공으로 안

희위(安喜尉)가 됨.

188　중평 5년(8세)

부친 제갈규(諸葛珪) 별세, 숙부 제갈현(諸葛玄)에게
의탁함.

189　중평 6년(9세)

4월, 영제(靈帝)가 병사하고 아들 유변(劉辯)이 즉위
하여 소제(少帝)가 됨.

7월, 대장군 하진(何進: 유변의 어머니인 하태후[何
太后]의 형)이 양주(凉州)의 동탁(董卓)을 입경시킴.

8월, 환관 장양(張讓) 등이 하진을 살해함.

9월, 동탁이 소제를 폐위시켜 홍농왕(弘農王)에 앉히
고 진류왕(陳留王) 유협(劉協)을 즉위시켜 헌제(獻
帝)라 부름. 동탁은 스스로 상국(相國)이 되어 전횡
을 부리니 낙양에 큰 혼란이 일고 통치 계층 내부의
갈등이 격화됨.

조조는 기오(己吾)에서, 유비는 패(沛)에서 동탁에
대항함.

190　헌제 초평(初平) 원년(10세)

정월, 관동 각지에서 동탁에 대항하며 원소(袁紹)를
맹주로 삼음. 동탁은 유변을 시해하고 헌제를 데리
고 장안으로 천도하면서 낙양성을 불질러 파괴함.

유비는 평원상(平原相)에, 관우와 장비는 별부사마

(別部司馬)에 임명됨.

192    초평 3년(12세)

4월, 동탁이 왕윤(王允)과 여포(呂布) 등에 의해 살
해됨. 동탁 부하의 보복 행위로 전란이 이어짐.

조조는 청주(靑州)의 황건적을 격파하고 정병을 모
아 '청주군(靑州軍)'을 조직함.

194    흥평(興平) 원년(14세)

유비는 도겸(陶謙)에 의지하여 예주자사(豫州刺史)
가 되었다가, 도겸이 죽자 서주목(徐州牧)을 이어받
음.

195    흥평 2년(15세)

원술(袁術)이 제갈현을 예장태수(豫章太守)에 임명
하자 제갈량은 숙부를 따라 남하함. 한편 조정에서
는 별도로 주호(朱皓)를 같은 직위에 임명하였으므
로 제갈량과 아우 제갈균(諸葛均)은 다시 숙부를 따
라 형주(荊州)의 유표(劉表)에게 의지함.

196    건안(建安) 원년(16세)

7월, 헌제가 장안에서 낙양으로 환도.

9월, 조조가 헌제를 허창(許昌)으로 옮기고, 사공(司
空), 행거기장군사(行車騎將軍事)가 되어 전권을 행
사함.

유비는 여포에게 패하여 조조에게 투항, 조조의 추

천으로 예주목(豫州牧)이 됨.

197   건안 2년(17세)

숙부 제갈현이 세상을 떠나자 융중(隆中)에서 농사
지으며 독서함. 방덕공(龐德公), 방통, 사마휘(司馬
徽), 서서(徐庶) 등과 왕래. 후에 면남(沔南)의 명사
인 황승언(黃承彦)의 딸과 결혼함.

198   건안 3년(18세)

9월, 조조가 동방 정벌을 시작함. 12월에는 서주(徐
州)를 점령해 여포를 죽이고, 유비를 좌장군에 임명
함.

199   건안 4년(19세)

6월, 조조가 유비를 파견하여 원술을 공격함.

11월, 유비는 서주자사(徐州刺史) 거주(車冑)를 죽이
고 조조로부터 벗어남.

200   건안 5년(20세)

정월, 유비가 조조에게 패하여 원소에게 의지함.

10월, 조조가 관도(官渡)의 전투에서 원소를 대패시
킴.

손책(孫策)이 죽고 아우 손권이 자리를 계승함.

201   건안 6년(21세)

유비는 조조와의 여남(汝南) 싸움에서 패배하여 형
주의 유표에게 의지함.

202  건안 7년(22세)

5월, 원소 사망. 조조가 여양(黎陽)에서 원소의 아들
인 원담(袁譚)과 원상(袁尙)을 패퇴시킴.

207  건안 12년(27세)

조조가 원소의 잔여 세력을 궤멸시키고 북방을 평
정.

서서의 소개로 유비가 융중으로 제갈량을 세 차례
방문함. 제갈량은 전국의 형세를 분석하여, 손권과
연합하여 조조에게 대항하고, 형주와 익주를 차지하
고서 서남 변방의 민족을 안무(按撫)하며, 내정을 정
돈하여 기회를 보아 전국을 통일한다는 책략을 제시
하고, 유비의 초빙에 응함.

208  건안 13년(28세)

7월, 조조가 유표의 정벌에 나섬.

8월, 유표가 병사하자 아들 유종(劉琮)이 조조에게
투항함. 제갈량이 유비에게 형주를 차지하도록 권유
했으나 받아들여지지 않음. 조조군이 계속 남하하자
유비는 신야(新野)를 버리고 번성(樊城)에 들어감.
당양(當陽)의 장판(長阪) 싸움에서 유비가 조조에게
패함. 조조는 강릉(江陵)을 점령함.

10월, 제갈량은 동오(東吳)에 사신으로 가 손권을 설
득하여 손권과 유비의 연합을 결성시킴.

11월, 손권과 유비의 연합군이 적벽에서 조조군을 대파함.

12월, 유비는 남하하여 무릉(武陵)·영릉(霖陵)·장사(長沙)·계양(桂陽)의 네 군을 점령함. 제갈량은 군사중랑장(軍師中郞將)을 맡아 장사·영릉·계양의 세 군을 총괄하며 임증(臨蒸)에 주둔함.

209　건안 14년(29세)

유비가 형주목을 맡고 공안(公安)에 주둔함.

210　건안 15년(30세)

조조가 동작대(銅雀臺)를 축성함. 주유 사망.

211　건안 16년(31세)

조조가 관중을 점령함.

유장(劉璋)이 유비를 촉으로 초청하여 가맹(葭萌)에 주둔시킴.

제갈량과 관우는 형주에 잔류함.

212　건안 17년(32세)

유비가 유장을 공략함.

213　건안 18년(33세)

조조가 위공(魏公)에 봉해짐.

214　건안 19년(34세)

유비가 낙성(雒城)을 포위하여 공격할 즈음, 방통은 복병에게 사살됨.

제갈량은 관우에게 형주에 남아 지키게 하고, 자신은 장비·조운(趙雲)과 함께 강을 거슬러 올라가 파동(巴東)을 점령한 후, 조운을 파견하여 강양(江陽)을 점령케 하고, 장비를 파견하여 파서(巴西)와 덕양(德陽)을 점령케 함.

마초(馬超)가 유비에게 투항하고 유장도 항복함. 제갈량은 군사장군(軍師將軍)이 됨.

215  건안 20년(35세)

손권이 유비에게 형주의 반환을 요구했으나 거절됨.

겨울, 손권이 여몽(呂蒙)을 파견하여 장사·영릉·계양의 세 군을 빼앗음. 유비는 공안으로 내려와 손권을 공격하려 했으나 조조가 장노(張魯)를 공격하리라는 소식을 들은 후 마침내 손권과 강화를 맺고 상수(湘水)를 경계선으로 하여 형주를 나누어 가짐.

장노가 조조에게 항복함. 조조는 장합(張郃)과 하후연(夏侯淵)을 남겨 한중(漢中)을 지키게 함.

216  건안 21년(36세)

5월, 조조가 위왕(魏王)의 작위를 차지함.

제갈량은 촉에서 엄한 법치의 방침을 견지함.

217  건안 22년(37세)

유비가 한중에 주둔하며 조조군과 양평관(陽平關)에서 대치함. 제갈량은 성도(成都)에 남아서 농경과 전

쟁을 병행하는 정책을 시행하며 군수품의 공급을 책
임짐.

219   건안 24년(39세)
정월, 황충(黃忠)이 조조군을 대파하고 정군산(定軍
山)에서 하후연을 죽임.
2월, 조조가 구원군이 되어 와 양평에서 유비와 대치
하다 5월에 패주함.
유비는 한중을 점령하고, 7월에 한중왕(漢中王)임을
선포함.
10월, 여몽이 강릉을 습격하고, 관우는 번성으로 퇴
각했다가 12월에 피살됨. 형주는 오나라에 귀속되고
오ㆍ촉의 연맹 관계도 깨어짐.

220   건안 25년(40세)
정월, 조조가 병사함.
11월, 조조의 아들 조비(曹丕)가 헌제를 폐위시키고
위(魏)를 건국함.

221   촉한(蜀漢) 소열제(昭烈帝), 장무(章武) 원년(41세)
4월, 유비는 성도에서 제위에 오르고 제갈량은 승상
이 됨.
7월, 유비는 군사를 이끌고 오로 출병하고 제갈량은
성도에 남아 지킴. 장비가 부하 범강(范彊)과 장달
(張達)에게 피살됨.

222  장무 2년(42세)

6월, 유비가 효정(猇亭)에서 육손(陸遜)에게 패하여 백제성(白帝城)으로 물러남.

10월, 조비가 대군을 이끌고 손권을 공격함.

223  후주(後主), 건흥(建興) 원년(43세)

3월, 유비는 병세가 악화되자 제갈량을 영안(永安)으로 불러 어린 아들을 부탁함.

4월, 유비가 죽자, 5월에 성도로 운구하여 8월에 혜릉(惠陵)에 매장함.

유선이 제위를 계승함. 제갈량은 무향후(武鄕侯)에 봉해져 익주목을 맡고, 승상부를 설치하여 국사를 관장함.

6월, 익주군(益州郡)의 옹개(雍闓)가 촉에 반기를 들고 고정(高定)·주포(朱褒) 등도 가세함.

8월, 제갈량은 등지(鄧芝)를 오(吳)에 보내 연맹 관계를 회복함.

224  건흥 2년(44세)

제갈량은 농사에 전념하고 전쟁을 삼가함으로써 백성을 쉬게 하는 정책을 시행하며 반란의 평정을 준비함.

225  건흥 3년(45세)

3월, 제갈량은 마속(馬謖)의 '마음 공략이 최선'이란

건의를 받아들이고 남방으로 반란 평정에 나섬. 제
갈량은 군대를 셋으로 나눠 옹개와 맹획(孟獲)의 후
방을 포위하여 공략, 9월에 평정을 끝냄.

226　건흥 4년(46세)

조비가 죽고 조예(曹叡)가 계승함.

제갈량은 군사를 단련시켜 북벌을 준비하며, 맹달
(孟達)에게 북벌시에 위의 내부에서 호응하도록 설
득함.

227　건흥 5년(47세)

3월, 제갈량이 군대를 인솔하여 한중에 주둔하며 북
벌 전쟁을 준비함. 후주에게는 「출사표」를 올리고 후
주를 대신하여 「위후제벌위조(爲後帝伐魏詔)」의 조
서를 썼으며, 장사(長史)인 장예(張裔)와 참군(參軍)
인 장완(蔣琬)에게 승상부의 일을 맡김.

아들 제갈첨(諸葛瞻) 출생.

228　건흥 6년(48세)

정월, 제갈량은 첫번째 북벌을 발동, 기산(祁山)을
공격하여 남안(南安) · 천수(天水) · 안정(安定)의 세
군을 귀속시킴. 후에 마속이 제갈량의 지시를 어겨
가정(街亭)에서 장합에게 패하고 조운도 기곡(箕谷)
에서 패하여 열세에 빠짐. 제갈량은 마속을 참하고
스스로 세 등급의 강등을 청하여 우장군, 행승상사

(行丞相事)가 됨.

위 천수의 참군(參軍) 강유(姜維)가 촉에 투항함.

12월, 제갈량은 산관(散關)에 출병하여 진창(陳倉)을
포위하였으나 군량의 부족으로 회군함.

229  건흥 7년(49세)

봄, 제갈량은 다시 북벌을 시도, 진식(陳式)을 파견
하여 무도(武都)와 음평(陰平)의 두 군을 공략하고
위의 곽회(郭淮)를 패주시킴. 제갈량은 승상의 직위
를 회복함.

4월, 손권이 제위에 오르고 국호를 오(吳)라 정하자
제갈량은 축하 사절을 보냄.

230  건흥 8년(50세)

7월, 위의 군대가 촉을 공격하였으나 큰비로 철군함.
제갈량은 위연(魏延)을 강중(羌中)에 파견하여 위를
크게 공략함.

231  건흥 9년(51세)

2월, 제갈량은 재차 기산에 출병, '목우(木牛)'를 제
조하여 군량을 운반하며 상규(上邽)를 공격하여 위
군을 대파하고 노성(鹵城)에서 사마의(司馬懿)를 패
주시킴.

6월, 군량의 부족으로 철군시에 목문(木門)에서 위
의 장수 장합을 사살함.

232  건흥 10년(52세)

제갈량은 한중에서 군대를 정비하며 '목우(木牛)'와 '유마(流馬)'라는 운송 도구를 제작함.

233  건흥 11년(53세)

제갈량은 목우와 유마를 이용, 군량을 수송하여 사곡(斜谷)에 창고를 쌓아 저장하며 전투를 준비함.

234  건흥 12년(54세)

봄, 제갈량이 재차 북벌을 시도, 사곡구(斜谷口)로 십만 대군을 인솔하여 오장원(五丈原)의 위수(渭水) 강가에 주둔하고 위군과 대치하였으나 사마의는 싸움에 응하지 않음.

8월, 제갈량은 천하 통일의 대업을 이루지 못한 채 과로로 오장원에서 병사, 정군산(定軍山)에 묻힘.